Aktien machen Spass!

Teil 1: Mit Dividenden finanziell frei werden

Heikin Ashi Trader

Ormidia, Larnaca
An imprint of Splendid Island

Inhaltsverzeichnis

Teil 1: Wenn es keinen Spaß macht, hältst du auch nicht durch........7

1. Warum Aktien Spaß machen! 8

2. Warum du ein Einkommensinvestor werden solltest..........13

3. Warum ein Einkommen aus Dividenden mehr
   Sicherheit bietet als dein Job...17

4. Was du am meisten brauchst, wenn du älter wirst:
   Ein regelmäßiges Einkommen! 19

5. Warum du den Begriff „Cashflow" verstehen musst,
   wenn du finanziell unabhängig werden willst 23

6. Warum dein Bankberater dir nicht empfiehlt,
   Einkommensinvestor zu werden 29

7. Als Einkommensinvestor bist du (und bleibst) am
   Wirtschaftsleben beteiligt 31

Teil 2: Einführung in die Welt der Dividenden..............................34

1. Was sind Dividenden?...35

2. Warum zahlen Unternehmen Dividenden?........................37

3. Wann werden die Dividenden gezahlt? 39

4. Was ist die Dividendenrendite?..42

5. Was ist die Payout Ratio (Dividendenausschüttungsquote)? ...44

6. Warum solltest du in Dividendenaktien investieren?..........48

7. Einfache Leute, die dank Dividenden Millionäre
   geworden sind 49

8. Was ist der Zinseszinseffekt?...62

9. Was ist besser: Hohe Dividenden oder
   Dividendenwachstum?..67

10. Welche Sektoren zahlen die höchsten Dividenden?.............73

Teil 3: Wie bereite ich mich aufs Einkommensinvestieren vor? **77**

   1.   Wieviel sollte ich sparen? 78

   2.   Wie baue ich eine Watchlist auf? 81

   3.   Welche Aktien kauft Warren Buffett? 90

   4.   Warum ich amerikanische Aktien bevorzuge 93

   5.   Wer sind die Dividendenkönige? 97

   6.   Wie macht man ein Brokerkonto auf? 100

   7.   Was ist die Wertpapierkennnummer? 108

   8.   Welche Dividendenaktien sollte ich nun kaufen? 109

   9.   Wie funktioniert die Dollar Cost Average Methode? 113

  10. Was ist ein Plan zur Reinvestition von Dividenden (DRIP)? 119

  11. Warum Monatszahler interessant sind 121

  12. Wie oft sollte ich meine Aktien checken? 126

  13. Was tun wenn die Börse abstürzt? 128

Teil 4: Alternativen zu Aktien **131**

   1.   Was sind Real Estate Investment Trusts (REITs)? 132

   2.   Was sind Business Development Companies (BDCs)? 136

   3.   Was sind Dividenden ETFs? 138

Teil 5: Wieviel musst du sparen, um dein finanzielles Ziel zu erreichen? **140**

Beispiel 1: Anita, Krankenschwester, 52 Jahre 144

Beispiel 2: Michael, Student, 22 Jahre 148

Beispiel 3: Matthias, Filialleiter bei Aldi, 33 Jahre 150

Teil 6: Und am Ende die Steuern… **154**

Addendum: interessante Webseiten für Einkommensinvestoren ... 158

Glossar 160

Weitere Bücher von Heikin Ashi Trader 166

Über den Autor 174

Meinem zweiundzwanzigjährigen Sohn Jan
gewidmet, der gerade seine ersten Aktien gekauft hat.

Die Menschen lernen, für Geld zu arbeiten, aber sie lernen nie, Geld zu haben, das für sie arbeitet.

Robert Kiyosaki

TEIL 1: WENN ES KEINEN SPASS MACHT, HÄLTST DU AUCH NICHT DURCH

1. Warum Aktien Spaß machen!

Aktien machen Spaß, allein schon deshalb, weil es unendlich viele Möglichkeiten gibt, mit ihnen Geld zu verdienen. Die meisten Anleger kaufen Aktien in der Hoffnung, dass der Kurswert steigen wird. Selbstverständlich macht es Freude zuzusehen, wie ein Papier, das man einmal gekauft hat, im Laufe der Zeit an Wert zunimmt. Aber auf diese Weise machst du Aktien zu Spekulationsobjekten.

Obwohl gegen diese Möglichkeit nichts einzuwenden ist, muss dennoch gesagt werden, dass dies im Laufe der Geschichte längst nicht der Hauptgrund war, weshalb Menschen Aktien gekauft haben. Frühere Generationen investierten in Aktien, weil sie sich durch deren Besitz *ein regelmäßiges Einkommen* erkaufen wollten.

Diese Anleger wurden von den Unternehmen dafür belohnt, dass sie ihren Aktien die Treue hielten. Man hat diese Belohnung oder Beteiligung irgendwann *eine Dividende* genannt. Das Wort kommt vom Lateinischen „dividere", was „teilen" heißt. Man bekommt also einen Teil des Gewinns in Form einer Dividende ausbezahlt.

Die Dividende wird meist einmal im Jahr ausgeschüttet. Zumindest ist das bei den meisten europäischen Aktien der Fall. Viele amerikanische Unternehmen schütten vier Mal im Jahr eine Dividende aus. Und wusstest du, dass es sogar Unternehmen gibt, die monatlich eine Dividende ausschütten? Ich habe mehrere solche Aktien in meinem Depot. Und ich kann sagen, dass das richtig Freude macht. Das Unternehmen zahlt mir eine monatliche Dividende, weil ich Inhaber ihrer Aktien bin.

Ist das nicht unglaublich?

Als ich vor zwanzig Jahren anfing, mit Aktien zu handeln, war ich nur auf deren Wertsteigerung aus. Ich wollte an Aktien „verdienen", indem ich sie zu einem bestimmten Preis gekauft habe in der Hoffnung, sie zu einem höheren Preis wieder zu verkaufen. Also zu reinen Spekulationszwecken. Ich habe sogar Daytrading mit Aktien gemacht. Ich kaufte Aktien und verkaufte sie noch am selben Tag. Mit Gewinn. Oder mit Verlust. Ich schäme mich nicht zu sagen, dass es viel öfter mit Verlust als mit Gewinn war.

In diesen Tagen war mir noch gar nicht bewusst, dass es auch eine andere, eine viel entspanntere Methode gibt, um mit Aktien Geld zu verdienen. Und genau darum soll es in diesem Buch gehen. Du wirst nach und nach erfahren, wie du mit einer durchdachten Methode genau die Aktien findest, die dir ein regelmäßiges

Einkommen ermöglichen. Und das völlig entspannt, ohne dass du auf das tägliche Auf und Ab der Kurse schauen musst.

Im Gegenteil. Wir werden sehen, dass es viel besser ist (und viel mehr Spaß macht), wenn du gerade nicht täglich auf den Kurs deiner Aktien schaust. Bei unserer Methode ist der aktuelle Kurs so ziemlich das Uninteressanteste, was es gibt. Viel interessanter und spannender ist es, wenn du monatlich zusehen kannst, wie viele Dividenden deine Aktien ausschütten.

Wir wollen völlig gelassen bleiben und unsere Aufmerksamkeit auf das *Einkommen* richten, das unsere Aktien uns ermöglichen. Denn dieses Einkommen (die Dividenden) ist das effektivste und schnellste Werkzeug, mit dem du eines Tages dein Arbeitseinkommen ersetzen kannst.

Ja, du hörst richtig. Das ultimative Ziel eines Einkommensinvestors ist es, dass sein Einkommen aus Dividenden eines Tages die Summe seiner monatlichen Ausgaben übersteigt. Diesen Tag nennen die Amerikaner ihren „Work Freedom Day". Also den Tag, an dem dein Dividendeneinkommen so stark gewachsen ist, dass du nicht mehr zu arbeiten brauchst.

Wenn man die ganze Sache mit dem Geld wie ein einziges Spiel begreift, könnte man sagen, dass du an dem Tag das Spiel gewonnen hast. Du bist der Gewinner! Es ist der Tag, an dem du definitiv finanziell frei bist. Du kannst dann deinen Job an den Nagel hängen oder auch nicht. Ganz gleich. Das ist etwas ganz anderes als arbeiten zu *müssen*, um deinen Lebensunterhalt zu verdienen.

Ich kann dir versichern, dass es richtig Spaß macht, wenn die Summe deiner Dividenden dich dazu befähigt, diese Entscheidung frei treffen zu können.

Im Gegensatz zum Spekulanten, der von der Kursentwicklung seiner Aktien abhängig ist, kann ein Einkommensinvestor recht entspannt leben. Egal ob er sich um seine Aktien kümmert oder nicht. Er kann monatelang auf Reisen gehen oder einfach verschwinden. Die Dividenden sprudeln fröhlich weiter und kommen stetig (und zwar von Quartal zu Quartal, von Jahr zu Jahr immer mehr, wie wir später im Buch sehen werden). Egal ob er sich um sie kümmert oder monatelang, ja jahrelang sein Aktiendepot nicht mehr anschaut.

Auch nach deinem Ableben werden die Dividenden weiter ausgeschüttet. Ich kenne ein solches Aktiendepot. Es wurde vor vielen Jahren von einem Ehepaar eingerichtet. Nachdem das Ehepaar verstorben war, wussten die Kinder nicht recht, was sie damit anfangen sollten! Es gab reichlich Dividenden in fünfstelliger Höhe, und das Depot war Jahr für Jahr weiter gewachsen.

Mit Dividenden kannst du ganz nebenbei Vermögen aufbauen. Du kannst klein (neuerdings dank der verschwindenden Gebühren sogar sehr klein!) beginnen. Du kannst mit zehn Euro beginnen. Es spielt keine Rolle. Dividendenaktien brauchen kaum Pflege und Arbeit. Das Geld fließt weiter, egal ob du dich darum kümmerst oder nicht. Du kannst sogar sterben. Ob das keinen Spaß macht!

2. Warum du ein Einkommensinvestor werden solltest

Wenn es um Geld geht, suchen die meisten Menschen bekanntlich Sicherheit. Sie wollen das beruhigende Gefühl haben, ein regelmäßiges Einkommen zu beziehen. In den allermeisten Fällen bedeutet dies, dass sie eine feste Stelle annehmen, um dieses Ziel zu erreichen. Diese Stelle garantiert ihnen, dass sie nie einen Monat „ohne Geld" sein werden.

Für dieses Gefühl von Sicherheit zahlen sie aber einen hohen Preis. Zum einen müssen sie natürlich täglich „antreten". Ihr Chef verlangt von ihnen, dass sie Tag für Tag, Jahr für Jahr ihre Arbeit verrichten, ob sie wollen oder nicht. Wenn man seine Arbeit gerne macht, ist dies zunächst kein Problem. Wenn man jung und gesund ist, ist man hungrig auf das Leben und man möchte die Erfahrung machen, Teil eines größeren Ganzen zu sein. Man möchte „dazugehören." Vielleicht bekommt man nette Kollegen, die in der Regel genauso denken wie du.

Die Probleme beginnen natürlich dann, wenn du älter wirst oder wenn deine Begeisterung für die einst geliebte Arbeit nachlässt. Auf einmal stellst du fest, dass du in einer Falle sitzt. Du hast es dir in einem Hamsterrad bequem gemacht, bist aber gezwungen, weiter zu rennen, damit das Rad am Laufen gehalten wird.

Das Hamsterrad ist der einmal gewählte Weg, wie du deine Lebensstunden für Geld eintauscht. Einfacher gesagt: Die meisten Menschen arbeiten für Geld. Sie haben aber nie ernsthaft darüber nachgedacht, was man mit dem Geld anfangen könnte, das sie verdienen (außer es auszugeben).

Im Gegensatz zu dieser Gruppe (die die Soziologen „die kleinen Leute" oder auch „die Mittelschicht" nennen) machen die Reichen und Vermögenden genau das Gegenteil. Die Vermögenden arbeiten nicht für Geld. Das Geld arbeitet für sie. Und gerade deswegen sind sie auch vermögend und bleiben es.

Man könnte meinen, dies sei völlig ungerecht.

Es ist nicht nur ungerecht. Es ist sogar schlimmer. Diejenigen, die für Geld arbeiten, werden am höchsten besteuert. Das ist in allen Industriestaaten so. Du zahlst die meisten Steuern, wenn du dein Geld durch eine Arbeit verdienst.

Dagegen ist es ein Fakt, dass die Reichen und Vermögenden am wenigsten Steuern zahlen. Zum einen arbeiten sie nicht für Geld, und zum anderen beziehen sie ihr Einkommen aus Quellen, die wenig oder manchmal gar nicht besteuert werden.

Ist das nicht unglaublich ungerecht?

Ist es nicht. Es ist der hohe Preis, den die „Arbeitnehmer" bezahlen für das bisschen Sicherheit, die ihnen eine feste Stelle gibt. Arbeitnehmer werden am höchsten besteuert und oft leben sie von Einkommenszahlung zu Einkommenszahlung. Ihnen bleibt nichts anderes übrig als arbeiten, Geld verdienen, arbeiten, Geld verdienen. Bis zur Pensionierung, die dann irgendwann heiß herbeigesehnt wird.

Das Geld beherrscht ihr Leben, ja im Grunde sind sie oft Sklave des Geldes, auch wenn die meisten von ihnen das so nie sehen würden. Aber im Grunde ist es so. Das Geldproblem hat diese Menschen so im Griff, dass sie ständig an Geld denken müssen.

Reiche oder vermögende Menschen arbeiten nicht für Geld. Statt für Geld arbeiten zu gehen, kaufen sie sich Vermögenswerte (oder sie schaffen welche, indem sie zum Beispiel ein Unternehmen aufbauen). Sie kaufen oder bauen solche Vermögenswerte auf, die ihnen regelmäßig Geld in die Taschen spült. Und je mehr Geld in ihre Taschen fließt, desto mehr Vermögenswerte kaufen sie.

Wenn Vermögende ein Haus kaufen, ist es meist nicht deswegen, um darin zu wohnen (das ist der Traum der Mittelschicht). Sie kaufen es, um aus den Mieteinnahmen ein Einkommen zu beziehen.

Ich kenne in Berlin einen Mann, der über siebzig Wohnungen besitzt. Er kann natürlich fürstlich von den Mieteinnahmen leben. Er selbst aber wohnt in einer Mietwohnung. Denke mal darüber nach. Dieser Mann hat das Spiel verstanden.

Das Gleiche gilt für die Unternehmen, die von den Vermögenden aufgebaut werden. Und auch für die Aktien, die sie kaufen. Auch bei den Aktien gilt der Unterschied zwischen den Vermögenden und Unvermögenden. Unvermögende (sag ruhig: die Mittelschicht) kaufen Aktien in der Hoffnung, dass sie steigen werden. Sie setzen auf die Kursgewinne. Vermögende Leute dagegen kaufen Aktien, deren Dividenden ihnen ein ständiges Einkommen ermöglichen.

Und genau darum soll es in diesem Buch gehen. Ich möchte über die Aktien sprechen, aus denen du ein Einkommen beziehen kannst. Ich möchte über die Aktien reden, die die Vermögenden dieser Welt kaufen. Nicht die Aktien, die die Mittelschicht kauft.

3. Warum ein Einkommen aus Dividenden mehr Sicherheit bietet als dein Job

Heute würde ich so weit gehen zu sagen, dass ein Einkommen aus Aktien viel sicherer ist als das Einkommen aus einem Job. Der mag dir im Augenblick als sicher gelten, aber es gibt genügend Gründe, um die Sicherheit eines Arbeitsverhältnisses in Frage zu stellen.

Bist du in der freien Wirtschaft tätig, kann deine Firma Pleite gehen. Sie kann übernommen werden, und deine Stelle kann im Zuge einer Restrukturierung gestrichen werden.

Arbeitest du für den Staat, ist dein Job zunächst sicherer. Wenn du Lehrer bist oder Beamter oder du hast sonst irgendeine Stelle, die staatlich garantiert ist, kannst du dich auf der sicheren Seite fühlen.

Du solltest aber nicht vergessen, dass das größte Risiko nicht der Staat, sondern *du selbst* bist. Solange du gesund bist und deinen Job ausüben kannst, gibt es kein Problem. Wirst du krank oder schlitterst du in einen Burnout (ich kenne im Augenblick einige Menschen mit diesem Problem), dann sieht die Sache auf einmal ganz anders aus. Mit anderen Worten, was immer du machst, welchen tollen Job du auch immer ausüben magst, du bist selber das größte Risiko in Bezug auf dein Einkommen. Du setzt bei dieser Strategie alles auf eine Karte: Deinen Job. Darf ich mir erlauben zu sagen, dass dies vom finanziellen Standpunkt aus eine ziemlich riskante Strategie ist. Da darf nicht viel schieflaufen.

Viel sicherer scheint es mir, wenn du dein Einkommen nicht aus *einer* Quelle, sondern aus dutzenden von Quellen beziehst. Dies ist das Ziel des Einkommensinvestors. Es gibt nicht wenige Dividendeninvestoren, die über fünfzig oder gar hundert unterschiedliche Aktienpositionen verfügen, die ihnen monatlich Geld in die Taschen spülen. Diese Menschen beziehen also aus hundert unterschiedlichen Quellen ein Einkommen. Wenn da mal eine wegfällt, spürt diese Person dies kaum (minus 1 %). Wenn du dein Einkommen aus deinem Job verlierst, spürst du das sehr wohl (minus 100 %).

4. Was du am meisten brauchst, wenn du älter wirst: Ein regelmäßiges Einkommen!

Da ich selber langsam auf das Rentenalter zugehe, kenne ich natürlich auch viele Menschen, die sich in dieser Phase ihres Lebens befinden oder die bereits in Rente sind. Was mir vor allem bei Letzteren auffällt, ist, dass viele von ihnen ordentliche Abstriche machen müssen, sobald sie „in Rente" sind. Die meisten von ihnen haben auf die staatliche Rente gesetzt. Diese gilt zwar als garantiert, sie reicht in vielen Fällen hinten und vorne nicht.

Fakt ist: Die Lebenskosten nehmen nicht gerade ab, wenn man älter wird. Im Gegenteil. Oft nehmen sie sogar zu. Viele wollen zum Beispiel endlich die Reisen machen, auf die sie jahrzehntelang verzichtet hatten.

Solange du noch in Lohn und Brot stehst, kannst du vielleicht die laufenden Kosten bedienen. Bist du erst in Rente, sind deine Möglichkeiten dazuzuverdienen beschränkt. Und außerdem, wofür hat man ein Leben lang gearbeitet? Doch nicht um im Alter wieder irgendeinen Job auszuüben?

Die Frage ist also dringender denn je: Reicht deine Rente, wenn du den Lebensstil leben willst, der dir dann vorschwebt?

Wenn ich das Thema anspreche, bekomme ich oft die Antwort: Meine Rente reicht. Sie ist zwar nicht üppig, aber ich komme aus. Das Problem ist, dass viele den *nominalen Betrag* im Kopf haben, den sie irgendwann bekommen werden. Das ist die Zahl, die dir die staatliche Rentenversicherung auf Basis deiner Arbeitsjahre vorrechnet. Egal wie hoch dieser Betrag ausfällt, sie kann leider nicht mit der Inflation (Sprich: Kaufkraftverlust) Schritt halten.

Wenn du in Rente gehst und du bekommst in deinem ersten Jahr 1.700 Euro, dann sind diese 1.700 Euro nach 20 Jahren in Kaufkraft deutlich weniger wert. Es gibt Rentenanpassungen, aber diese reichen nicht aus, um den realen Kaufkraftverlust zu kompensieren.

Weiters kommt noch hinzu, dass das sogenannte Rentenniveau ständig sinkt. Das Rentenniveau ist – einfach gesagt - das Verhältnis zwischen dem durchschnittlichen Verdienst (Standardrente) und deiner Altersrente. Liegt das Rentenniveau bei 50 % und der durchschnittliche Verdienst war 2.000 Euro, so bekommst du eine Rente von etwa 1.000 Euro. Lag das Rentenniveau im Jahre 2.000 noch bei 52,9 %, so liegt es aktuell bei 48 %. Bis 2045 soll es bei nur noch 43 % liegen. Im Übrigen ist dieses Niveau nur bis zum Jahr 2030 gesetzlich garantiert.

Wenn man diese Zahlen betrachtet und dazu noch weiß, dass 30 % aller sozialversicherungspflichtig Beschäftigten über keinerlei Zusatzabsicherung verfügen, dann weißt du, dass Deutschland mehr und mehr zu einem Armenhaus mutiert. Diejenigen, die dennoch etwas zusätzlich gespart haben, haben dies meist in Lebensversicherungen und Riester-Renten angelegt, deren Renditen womöglich nicht mal die Inflation schlagen.

Studien haben dagegen immer wieder klar erwiesen, dass Aktien die Kaufkraft am besten erhalten können, weil sie auf lange Sicht die höchsten Renditen erbringen. Sie mehren sogar die Kaufkraft, was man von Versicherungen oder Anleihen nun nicht gerade sagen kann.

Du kannst als Rentner natürlich eine Hausmeisterstelle annehmen oder meinetwegen irgendwo putzen gehen. Besser wäre es in meinen Augen, du verfügst neben deiner Rente über *eine zweite Einkommensquelle.*

Mit Einkommensquelle meine ich nicht einen Job. Ich meine richtige Vermögenswerte, die dir monatlich bares Geld in die Taschen spülen und die sogar von Jahr zu Jahr auch noch ordentlich wachsen. Also passives Einkommen (Ein Einkommen für das du nicht arbeiten musst).

Eine solche Geldquelle wird am besten von einem Aktienportfolio mit Dividendenaktien gespeist. Denn obwohl du selbst vielleicht nicht mehr am aktiven

Arbeitsleben beteiligt bist, so bleibst du es indirekt als Aktionär. Als Anteilhaber eines Unternehmens bist du an dessen Ertrag beteiligt. Du bekommst regelmäßige Zahlungen in Form von Dividenden und somit bist du auch als Rentner vom Wirtschaftsleben nicht abgekoppelt.

5. Warum du den Begriff „Cashflow" verstehen musst, wenn du finanziell unabhängig werden willst

Der Begriff Cashflow zeigt an, wie gesund ein Unternehmen in Hinblick auf seine finanzielle Lage ist. Der englische Begriff Cashflow bedeutet ganz einfach den „Geldfluss" eines Unternehmens. Also das was übrigbleibt, wenn man die Ausgaben von den Einnahmen eines Betriebes abzieht. Gibt es überhaupt einen Geldfluss, also mehr Einnahmen als Ausgaben, so spricht man von einem *positiven Cashflow*. Gibt es mehr Ausgaben als Einnahmen, gibt es einen *negativen Cashflow*.

Nun klingt Cashflow natürlich etwas hipper als wenn ich einfach Geldfluss sagen würde, aber genau das ist mit dem Begriff gemeint: Den Fluss des Geldes.

Die Reichen und Vermögenden kaufen Aktien, um einen regelmäßigen Geldfluss in Gang zu setzen, und zwar am liebsten einen, der nicht mehr versiegt. Lebenslang. Welche Aktien sie dafür auswählen, werde ich in diesem Buch zeigen.

Die Vermögenden konzentrieren sich natürlich auf einen positiven Cashflow. Sie wollen einen solchen Geldfluss erzeugen, der ihre Ausgaben bei weitem übersteigt. Wenn du selber eines Tages finanziell unabhängig sein willst, ist es also von großer Bedeutung, dass du den Begriff Cashflow wirklich verstehst. Denn er wird deine Sichtweise, wie du mit Geld umgehst, von Grund auf verändern, wie es auch mit mir geschehen ist, als ich aufgehört habe, für Geld zu arbeiten.

Ich bin zu meinem damaligen Chef gegangen und habe ihm mein Kündigungsschreiben vor die Nase gelegt. Er hat es gelesen und hat mich mit einer Mischung aus Erstaunen und Unglauben angeschaut. Er konnte es nicht fassen, dass ich eine so gute Stelle aufgab.

Für mich dagegen war es ein Befreiungsschlag. Ich hasste es, jeden Tag zu meiner Arbeit zu fahren, auch wenn es eine schöne Arbeit war mit viel Freiheit. Trotzdem habe ich mich nicht frei gefühlt. Frei ist man erst, wenn man keinen Herrn mehr über sich hat. In dem Fall war mein Herr nicht sosehr mein Chef, sondern der Zwang, jeden Tag dahinfahren zu müssen, ob ich wollte oder nicht.

Nun ist es keineswegs notwendig, dass du – wie ich - gleich morgen deinen Job kündigst. Im Gegenteil. Es kann sogar von Vorteil sein, dass du deinen Job erstmal behältst. Immerhin ist er der Zweig, auf dem du im Augenblick sitzt. Er ermöglicht dir im Augenblick ein regelmäßiges Einkommen.

Die Idee dieses Buches ist es, wie du dieses Einkommen, das du durch Arbeit erzielst, nach und nach durch ein Einkommen ersetzen kannst, das dir deine Vermögenswerte erzielen. Sobald diese dein Arbeitseinkommen übersteigen, bist du finanziell frei.

Das Buch handelt zwar von Aktien, aber es handelt in erster Linie von finanzieller Freiheit, die dir der Geldfluss aus deinen Aktien eines Tages ermöglichen wird.

Diese Idee ist nicht auf meinem Mist gewachsen. Vieles verdanke ich dem Buch „Rich Dad Poor Dad" von Robert Kiyosaki, den ich anfangs bereits zitiert habe. Dieses Buch hat mir die Augen geöffnet. Es hat mich gelehrt, so über Geld zu denken, wie die Vermögenden dieser Welt Geld sehen. Kiyosaki illustriert es zwar anhand von Immobilieninvestments, aber das Prinzip ist für einen Aktieninvestor das Gleiche, daher empfehle ich dieses Buch.

Ich möchte Schritt für Schritt einen Plan entwickeln, wie du selber mit Dividendenaktien finanziell frei werden kannst. Deswegen handelt dieses Buch gerade nicht vom Spekulieren an der Börse. Wer sich dafür interessiert, kann meine anderen Bücher lesen. Dieses Buch handelt davon, wie du die Börse so nutzen kannst, dass du dank ihr *ein Einkommen* erzielst, genauso wie du mit deinem Job ein Einkommen erzielst. Der feine Unterschied ist, dass du für dieses zweite Einkommen nicht arbeiten musst.

Ich spreche daher lieber über Einkommensinvestieren oder Cashflow-Investieren, denn das ist es genau, worum es geht.

Bekanntlich gibt es auch andere Wege, dies zu erreichen. Du kannst, wie Kiyosaki es empfiehlt, Immobilien kaufen und sie vermieten. Oder du kannst ein Unternehmen gründen.

Diese drei Wege – Einkommensinvestieren mit Aktien, Immobilien oder die Gründung eines Unternehmens – sind die drei effektivsten Wege finanziell frei zu werden. Schaust du dir die Forbes-Liste der vermögendsten Menschen auf diesem Planeten an, wirst du entdecken, dass sie alle einen von diesen drei Wegen gewählt haben. Welchen Weg du wählst, hängt von dir ab, von deinen Voraussetzungen, deinen Vorlieben.

Ich zum Beispiel bin kein Fan von Immobilien. Ich kenne aber Menschen, wie diesen Berliner mit seinen siebzig Wohnungen, die damit sehr erfolgreich sind.

Es liegt mir daher fern, eine von diesen Methoden als besser oder schlechter zu bezeichnen. Alle drei haben ihre Vor- und Nachteile und ihre besonderen Voraussetzungen.

Für den Kauf von Immobilien brauchst du bekanntlich Kapital. Und zwar viel davon. Natürlich kannst du es dir besorgen, aber das ist ein Thema für sich.

Ein Unternehmen aufzubauen ist leichter gesagt als getan. Du kannst damit erfolgreich sein, aber sicher ist das nicht. Die Wahrscheinlichkeit ist eher, dass du mit deinen ersten Unternehmen scheitern wirst, so wie es bei mir der Fall war.

Der Kauf von Dividendenaktien, um ein Einkommen aus ihnen zu erzielen, ist dagegen ein gangbarer Weg, den schon viele vor dir gegangen sind. In meinen Augen ist es der einfachste Weg. Mit etwas Vorbereitung und ein bisschen Wissen führt er fast garantiert zum Ziel.

Die Disziplin und das Durchhaltevermögen, die es braucht, um ein erfolgreiches Unternehmen aufzubauen, ist in etwa gleich, wie wenn man mit Dividendenaktien finanziell frei werden will. Das sollte man nicht unterschätzen. Die Hauptschwierigkeit ist nicht, dass du das Prinzip des Dividendeninvestierens nicht verstehst. Die Herausforderung liegt darin, diese Strategie über Jahre hinweg diszipliniert durchzuführen.

Der Unterschied zwischen dem Einkommensinvestieren und dem Aufbau eines Unternehmens ist, dass du mit einem Unternehmen scheitern kannst. Mit Dividendenaktien ist es dagegen fast unmöglich zu scheitern, wenn du einige Prinzipien beachtest. Deswegen glaube ich, dass für die meisten Menschen Einkommensinvestieren mit Dividenden der beste Weg ist.

Mit Aktien kannst du bereits nach wenigen Monaten den ersten Cashflow auf deinem Konto sehen. Und ich kann dir aus eigener Erfahrung sagen, dass das Spaß macht. Es ist einfach eine Freude, wenn du zusehen kannst, wie du Monat für Monat dafür bezahlt wirst, dass du Aktien eines bestimmten Unternehmens besitzt.

Und es macht Freude zuzuschauen, wie dieser Geldfluss nach und nach zu wachsen beginnt und nie mehr versiegt. Wie man das macht, werde ich in den nächsten Kapiteln beschreiben.

6. Warum dein Bankberater dir nicht empfiehlt, Einkommensinvestor zu werden

Warum hast du bislang über Einkommensinvestieren oder Cashflow-Investieren kaum etwas gehört? Der Grund ist denkbar einfach: Weder Banken noch Broker noch sonst irgendwelche „Berater" verdienen an Einkommensinvestoren.

Ein Einkommensinvestor kauft Aktien mit dem Ziel, sie im Prinzip „für immer" zu behalten. Natürlich gibt es Ausnahmen (wir werden in einem weiteren Kapitel sehen welche). Aber in der Regel kaufst du deine Aktien einmal, und das war es. Mit anderen Worten: Es entstehen keine weiteren Kommissionen oder Jahresgebühren oder was sich die Börsenindustrie sonst ausdenken darf. Das ganze Geld, das ausgeschüttet wird, geht an *dich*. Die „Berater" bekommen nichts. Wozu sollte die Börsenindustrie für diese Art von Investieren werben?

Du kannst also ziemlich sicher davon ausgehen, dass dein Bankberater dich auf die „Risiken" hinweisen wird, wenn du ihm von deiner neuen Idee erzählst. Er wird versuchen, dir diese Idee aus dem Kopf zu reden. Mache dich also auf etwas gefasst. Wenn nicht, umso besser. Aber bedenke, dass die Börsenindustrie (die prächtig an den Gebühren verdient) keine Informationen diesbezüglich zur Verfügung stellen wird. Es gibt zum Thema Einkommensinvestieren kaum Hochglanzbroschüren, die dir ein Gefühl von Gediegenheit oder Sicherheit verleihen sollen. Auch wirst du darüber kaum Fernsehsendungen sehen oder Interviews mit Experten.

Anders gesagt, du bist auf breiter Front allein mit deiner Idee.

Nun, nicht ganz. In den Vereinigten Staaten und mittlerweile auch hierzulande gibt es im Internet Communities, die sich gegenseitig mit Tipps und Rat unterstützen. Wenn du also eine Art Bestätigung brauchst, dass das, was du da machst, Hand und Fuß hat, dann wirst du sie dort holen müssen. Es gibt dutzende Dividendenblogger, von denen manche als richtige Superstars gefeiert werden. Du findest sie meist nur im Internet (siehe Addendum).

Natürlich empfehle ich, dass du bei deinen Kaufentscheidungen immer deinen eigenen Verstand benutzt und nicht einfach das kaufst, was Blogger XYZ gerade empfiehlt. Dennoch kann ich sagen, dass manche dieser Blogger mit großem Sachverstand über Dividendenaktien schreiben. Wenn du das seit Jahren machst, ist die Chance groß, dass du irgendwann Experte auf dem Gebiet wirst.

7. Als Einkommensinvestor bist du (und bleibst) am Wirtschaftsleben beteiligt

Es gibt noch einen ganz anderen Grund, weshalb ich empfehle, sich mit Aktien zu beschäftigen und sie zu besitzen. Wenn du Aktien eines Unternehmens hast, wirst du Miteigentümer dieses Unternehmens. Vielleicht besitzt du nur einen sehr kleinen Anteil, aber dieser sorgt dafür, dass du beginnst, dich für die Geschäfte dieses Unternehmens zu interessieren. Und je mehr Aktien dieses Unternehmens du hast, desto mehr wirst du dich dafür interessieren.

Wenn du viele unterschiedliche Aktien im Depot hast, desto mehr erweiterst du auch deinen Horizont. Auf einmal interessierst du dich für Distributionsketten von Drogerieprodukten. Für Ölpipelines und Flüssiggas. Für gewerbliche Immobilien in den USA. Für die Pensionsverpflichtungen eines Autokonzerns. Das Wissen, das du hier erwirbst, ist nicht abstrakt. Es ist in deinem ureigenen Interesse, dass die Unternehmen und deren Branchen, mit denen du dich beschäftigst, florieren und gut wirtschaften. Dividenden werden aus dem Cashflow eines Unternehmens gezahlt, also hauptsächlich aus dem Gewinn, den es aus dem

Geschäft erzielt. Bricht der Gewinn weg, so ist über früh oder lang die Dividende in Gefahr und das betrifft irgendwann *deinen* Cashflow.

Ich bin immer wieder darüber erstaunt, wie wenig manche Menschen über die Branchen wissen, mit denen sie in ihrem Job nichts zu tun haben.

Aber stimmt das wirklich? Ist es nicht so, dass letztlich alles mit allem zusammenhängt? Ist es nicht so, dass irgendwelche Verträge mit russischen Versorgern die Höhe deiner Gasrechnung bestimmen? Ist es nicht so, dass die aktuelle US-Konjunktur darüber bestimmt, wie viele Autos BMW oder Daimler dort verkaufen? Vielleicht arbeitest du nicht bei einem dieser zwei deutschen Autoproduzenten. Aber hast du eine Ahnung, wie viele Arbeitsplätze in Deutschland vom Erfolg der Autoindustrie abhängen?

Je mehr Aktien du haben wirst, desto mehr wirst du eine Einsicht bekommen, wie alles mit allem verwoben ist. Du kannst dich da nicht ausklinken und sagen, das alles interessiert mich nicht. Du findest vielleicht, dass vieles in der Wirtschaft im Argen liegt und anders sein soll. Nun, wenn du in Aktien investierst, hast du eine Chance, dich aktiv zu beteiligen, indem du selber die Wahl triffst, worin du investieren willst und worin nicht. Dadurch veränderst du die Wirtschaft mit.

Wenn du Dividenden aus den unterschiedlichsten Sektoren der Wirtschaft zu beziehen beginnst, wird das alles viel konkreter. Du wirst als Aktionär dafür bezahlt, dass du Anteile dieser Unternehmen hältst. Das heißt nicht weniger, als dass du diesen Unternehmen *dein eigenes Geld* zur Verfügung stellst, damit sie wirtschaften oder vielleicht auch expandieren können. Es entsteht somit eine wechselseitige Beziehung, die du selber mitgestalten kannst. Und diese Beziehung ermöglicht es dir auch, irgendwann selber finanziell frei zu werden.

TEIL 2: EINFÜHRUNG IN DIE WELT DER DIVIDENDEN

1. Was sind Dividenden?

Die Dividende ist die Gewinnausschüttung eines Unternehmens an seine Aktionäre. Der Begriff Dividende kommt von dem lateinischen Wort „dividere", das „verteilen" bedeutet. Es handelt sich also um einen festen Betrag, der unter den Aktionären „verteilt" wird, wenn das Unternehmen Gewinn erzielt hat.

Historisch betrachtet war die Niederländische Ostindien-Kompanie (VOC) das erste Unternehmen, das jemals regelmäßige Dividenden zahlte. Wer Anteile an der VOC hielt, hatte Glück, denn die VOC zahlte während ihres fast 200-jährigen Bestehens (1602-1800) jährliche Dividenden im Wert von rund 18 Prozent des Aktienwertes.

Jeder Aktionär bekommt pro Anzahl Aktien, die er hält, einen Betrag in Geld ausgezahlt. Beschließt ein Unternehmen, eine Dividende von zwei Euro auszuschütten und ein Aktionär hat 100 Aktien, so bekommt er 200 Euro Dividenden. Hält er 1000 Aktien, wird er 2.000 Euro Dividenden bekommen.

Wichtig ist festzuhalten, dass die Dividende unabhängig von der Entwicklung des Aktienkurses ausgezahlt wird. Gute Dividendenzahler sind sogar in der Lage, in „Krisenzeiten“ die Dividende trotzdem zu zahlen. Dies war zum Beispiel auch während der Finanzkrise von 2007-2008 der Fall. Wer zu dieser Zeit Aktien der typischen Dividendenzahler wie Coca Cola, Procter & Gamble, Walmart oder Johnson & Johnson hielt, bekam seine Dividende, obwohl die Kurse in die Tiefe purzelten.

Die Dividendenzahlungen machten somit zumindest einen Teil der Kursverluste wett. Im Übrigen waren es genau die guten Dividendenzahler, deren Aktienkurse sich nach der Krise am schnellsten wieder erholten. Studien haben gezeigt, dass die Kurse der Dividendenzahler in der Regel schneller wieder auf den Stand von vor der Krise gelangten als die anderen Aktien. Dies ist umso mehr ein Grund dafür, sich mit diesen robusten Aktien zu befassen.

2. Warum zahlen Unternehmen Dividenden?

Wenn ein Unternehmen einen Gewinn erzielt, hat es zwei Möglichkeiten. Es kann den Gewinn einbehalten und in aktuelle oder zukünftige Geschäfte investieren. Oder es kann einen Teil der Gewinne an seine Aktionäre ausschütten.

Ein Unternehmen zahlt auch deswegen Dividenden aus ihren Gewinnen, weil es ihre Aktionäre dafür belohnen will, dass sie ihm das Kapital zur Verfügung gestellt haben.

Die Zahlung einer Dividende ist aber keine gesetzlich geregelte Verpflichtung. Bekannte Unternehmen wie Facebook oder Amazon zahlen zum Beispiel aktuell keine Dividenden (Stand März 2020). Im Gegensatz dazu hat Apple 2012 angefangen, eine Dividende zu zahlen.

Im Allgemeinen kann man sagen, dass Unternehmen, die sich in einer Wachstumsphase befinden, eher keine Dividenden zahlen. Sie investieren ihre Gewinne in weiteres Wachstum anstatt sie an die Aktionäre auszuschütten. Das Online-Versandhaus Amazon ist dafür bekannt, dass es trotz gigantischer Gewinne in immer weitere Geschäftsfelder investiert, um noch weiter wachsen zu können.

Reifere Unternehmen wie zum Beispiel Daimler, Munich Re, McDonalds und Microsoft zahlen ihren Aktionären Dividenden. Der Grund ist denkbar einfach. Eine attraktive Dividende zieht Investoren an, vor allem natürlich Einkommensinvestoren, die ihren Aktien unter Umständen über Jahrzehnte die Treue halten.

Im Übrigen würdest du nicht anders handeln, wenn du selber Inhaber eines Unternehmens wärst. Erzielt dein Unternehmen einen Gewinn, würdest du dir wahrscheinlich selbst in Form von Bargeld eine Dividende auszahlen. Vielleicht würdest du am Anfang die erzielten Gewinne in das Unternehmen reinvestieren, um es schneller wachsen zu lassen. Aber irgendwann würdest du die Früchte deiner Arbeit sehen wollen.

Es gibt aber auch noch einen anderen Grund, weshalb Unternehmen Dividenden zahlen. Dividenden verleihen dem Unternehmen eine gewisse „finanzielle Disziplin". Dadurch wird es weniger wahrscheinlich, dass das Unternehmen Geld benutzt, um zum Beispiel Projekte zu finanzieren, die sich irgendwann als Luftnummer entpuppen könnten. Es ist nicht von ungefähr, dass Studien erwiesen haben, dass Dividendenaktien über lange Zeiträume besser als Nicht-Dividendenaktien abschneiden.

3. Wann werden die Dividenden gezahlt?

Wenn du in Dividendenaktien investierst, gibt es einige Termine zu beachten. Zunächst muss deutlich sein, wer von den Aktionären das Recht auf die Auszahlung einer Dividende hat. Der Vorstand des Unternehmens schlägt die Dividende vor und in der Hauptversammlung wird sie dann mit einfacher Mehrheit beschlossen. Der Dividenden-Stichtag ist der Tag der Hauptversammlung. Am Tag darauf wird die Dividende gezahlt.

Termine für deutsche Aktien

Um die Dividende für eine deutsche Aktie zu erhalten, musst du bis zum Handelsschluss am Stichtag die Aktien im Depot halten. Kaufst du nach diesem Tag, musst du eben auf die nächste Dividendenausschüttung warten, um deine ersten Dividenden zu erhalten.

Vor dem Stichtag gilt die Aktie als *cum Dividende* (also *mit* Dividende). Wer Aktien dieses Unternehmens hält oder sie vor diesem Datum kauft, hat einen Anspruch auf die Dividende. Verkaufst du die Aktie vor dem Stichtag, verlierst du natürlich den Anspruch auf die Dividendenzahlung.

Früher erfolgte die Ausschüttung deutscher Aktien am Tag nach der Hauptversammlung, dem *Ex-Dividende-Tag*. Das hat sich allerdings nach einer neuen gesetzlichen Regelung (§ 58 Abs. 4 AktG) seit 1. Januar 2017 verändert. Heute ist die Ausschüttung erst am dritten Tag nach der Aktionärsveranstaltung fällig.

An dem Stichtag wird die Aktie *ex Dividende* (also *ohne* Dividende). Bestehende Inhaber der Aktie erhalten die Dividende, während jeder, der die Aktie jetzt kauft, die Dividende nicht erhält.

Termine für amerikanische Aktien

Der *Record Date* ist 21 Tage vor der Hauptversammlung. Vor diesem Stichtag in den USA sollte man die Aktie im Depot haben, wenn man die Dividende bekommen will. Aber aufgepasst! Es zählt nicht der Record Date sondern der *Ex-dividend Date*: Dieses Datum liegt genau zwei Geschäftstage vor dem Record Date. Du solltest also vor dem Ex-Dividend Date, also mindestens zwei Tage vor dem Record Date, die Aktie im Depot haben.

Dann gibt es noch den *Dividend Date*. An diesem Tag wird die Dividende tatsächlich ausgeschüttet.

Nun kann man sich fragen, weshalb dies so geregelt ist, aber dafür gibt es gute Gründe. Es gibt tatsächlich Anleger, die die Aktie vor dem Stichtag kaufen, die Dividende einkassieren und sie danach wieder verkaufen. Ich halte das nicht für eine schlaue Strategie. Denn der Kurs der Aktie fällt am Ex-Dividenden-Tag in der Regel um den Betrag, der in etwa der gezahlten Dividende entspricht. Das ist auch logisch, denn an dem Tag sind zwar die Aktionäre ein Stück „reicher", aber das Unternehmen ist „ärmer", weil es einen Teil des Firmenvermögens als Dividende ausgeschüttet hat.

Deswegen gibt es an der Börse diesen „Abschlag." Dividendenjäger haben daher das Nachsehen, denn sie verlieren so viel wie sie gewonnen haben. Außerdem müssen sie auch Kommissionen für Kauf und Verkauf der Aktie bezahlen.

Für langfristig orientierte Anleger stellt dieser Dividendenabschlag kein Problem dar. Ihr Zeithorizont ist so weit gefasst, dass sie ihn kaum bemerken.

4. Was ist die Dividendenrendite?

Die Dividendenrendite gibt einem Anleger an, welche Rendite er beim Kauf einer Aktie erwarten kann. <u>Die Dividendenrendite ist das Verhältnis zwischen der Höhe der jährlichen Dividendenausschüttung einer Aktie und ihrem aktuellen Aktienkurs.</u> Da sich der Kurs einer Aktie ständig bewegt, ändert sich die Dividendenrendite natürlich mit. Die Dividendenrendite erhöht sich, wenn die Aktie fällt, weil der Käufer weniger Geld für die gleiche Anzahl von Aktien zahlen muss. Das ist auch der Grund, weshalb sich echte Dividendenjäger sogar freuen, wenn die Aktienkurse „fallen", denn dann können sie ihre Positionen zu günstigeren Preisen aufstocken (also mehr Aktien kaufen) und erhalten somit eine höhere Rendite.

Steigt der Kurs einer Aktie, so fällt auch automatisch die Dividendenrendite. Ein Anleger muss jetzt tiefer in die Tasche greifen, um die gleiche Anzahl von Aktien zu kaufen. Wenn nun der Aktienkurs eines Unternehmens ständig steigt, wird es seine Dividendenausschüttung erhöhen müssen, will es seine Dividendenrendite erhalten.

Wenn du die Dividendenrendite berechnen willst, dividierst du die jährlichen Dividenden durch den aktuellen Aktienkurs.

Dividendenrendite = jährliche Dividende/Aktienkurs

Ist der Kurs einer bestimmten Aktie $ 100 und zahlt das Unternehmen eine Dividende von $ 3, so beträgt die Dividendenrendite dieser Aktie 3 %.

$ 3 / $ 100 = 0,03

Die 0,03 in Prozent ausgedrückt ergibt eine Rendite von 3 %.

Steigt nun der Aktienkurs auf 120 Dollar und das Unternehmen erhöht die Dividendenausschüttung nicht, so würde die Rendite auf 0,025 oder 2,5 % fallen.

Wichtig ist vielleicht noch zu betonen, dass die Dividendenrendite anhand der *jährlichen Rendite* berechnet wird. Sie wird also nicht anhand von vierteljährlichen, halbjährlichen oder monatlichen Auszahlungen berechnet.

5. Was ist die Payout Ratio (Dividendenausschüttungsquote)?

Die Dividendenausschüttungsquote ist das Verhältnis des Gesamtbetrags der an die Aktionäre ausgezahlten Dividenden zum Nettogewinn des Unternehmens. Sie ist der Prozentsatz des Gewinns, der an die Aktionäre als Dividende ausgeschüttet wird. Der Betrag, der nicht an die Aktionäre ausgezahlt wird, wird vom Unternehmen einbehalten. Das Unternehmen braucht es eventuell, um Schulden zu tilgen oder in das Kerngeschäft zu reinvestieren oder zur Aufstockung der Barreserven.

Es gibt Unternehmen, die fast ihre gesamten Gewinne an die Aktionäre ausschütten. Zugleich gibt es viele Unternehmen, die nur einen Teil ihrer Gewinne auszahlen, und manche zahlen gar nichts aus. Der Handelsriese Amazon ist hier ein gutes Beispiel. Obwohl Amazon gewaltige Summen umsetzt, befindet es sich immer noch in der Wachstumsphase. Es musste für sein enormes Einkommenswachstum auch riesige Geldsummen ausgeben, um seinen Betrieb weiter auszubauen. Die Gewinnspannen waren während seiner Wachstumsphase hauchdünn. Dennoch war das

Unternehmen in den letzten zehn Jahren, außer 2014, profitabel. Die Möglichkeit besteht also durchaus, dass das Unternehmen eines Tages eine Dividende zahlen wird, wenn sein Wachstum nachlässt und der Cashflow weiter wächst.

Die Zahlung einer Dividende bedeutet meist, dass ein Unternehmen seine Wachstumsphase hinter sich gelassen hat. Die Quote hängt also oft vom Reifegrad des Unternehmens ab. Zum Beispiel begann Apple (AAPL) 2012 mit der Auszahlung einer Dividende. Das Management konnte den gewaltigen Cashflow des Unternehmens mit einer Ausschüttungsquote von 0 % nur noch schwer rechtfertigen.

Eine niedrige Ausschüttungsquote ist in der Regel ein Hinweis, dass das Unternehmen über genügend Erträge verfügt, um künftige Dividendenausschüttungen zu gewährleisten. Es kann die Cash-Reserven dazu nutzen, um die Dividende Jahr um Jahr zu erhöhen. Diese Unternehmen werden natürlich von den Anlegern bevorzugt, die genau auf das Wachstum der Dividende setzen.

Eine hohe Ausschüttungsquote (zum Beispiel über 80 %) ist dann wieder ein Zeichen, dass das Unternehmen den Großteil seiner Gewinne als Dividenden ausschüttet. Die Gefahr besteht also hier durchaus, dass das Unternehmen gezwungen sein könnte, die Ausschüttung nicht mehr zu erhöhen oder sie gar zu reduzieren, sollten irgendwelche finanzielle Schwierigkeiten auftauchen. Schlimmstenfalls kann es gezwungen sein, die Ausschüttung ganz einzustellen. Eine hohe Ausschüttungsquote ist daher ein Warnzeichen.

Im Allgemeinen deutet eine Ausschüttungsquote von etwa 30 bis 50 % darauf hin, dass das Unternehmen über nachhaltige Reserven verfügt, um die Dividende weiter zu erhöhen. Gleichzeitig verfügt es immer noch über genügend Mittel zur Unterstützung seiner Geschäftstätigkeit. Wenn du eine Ansparphase von 20 Jahren oder mehr vor dir hast, solltest du solche Unternehmen bevorzugen.

Es gibt aber auch Ausnahmen, wo selbst sehr hohe Ausschüttungsquoten durchaus zu rechtfertigen sind. Ein Beispiel ist die Aktie von Coca-Cola Anfang 2020. Das Unternehmen hatte eine Ausschüttungsquote von 88%. Sie lag aber weit unter dem Fünfjahresdurchschnitt von 175 %. Trotz der hohen Ausschüttungsquote hat das Unternehmen in den vergangenen 57 Jahren in Folge die jährliche Dividendenausschüttung gesteigert.

Es gibt also durchaus Unternehmen, die mehr als 100 % ihrer Gewinne an die Aktionäre ausschütten. Procter & Gamble hatte Anfang 2020 eine Ausschüttungsquote von 188 %, was auf eine einmalige Verteilung von Vermögenswerten zusätzlich zu den Erträgen zurückzuführen war.

Du solltest also genau hinschauen, wenn dir die Ausschüttungsquote zu hoch erscheint. Im Falle von Procter & Gamble sollte man bedenken, dass das Unternehmen seit 1891 eine Dividende zahlt und seine jährliche Ausschüttung in den letzten 66 aufeinander folgenden Jahren erhöht hat.

6. Warum solltest du in Dividendenaktien investieren?

Wer in dividendenstarke Qualitätstitel investiert, verfügt über eine ausgezeichnete Methode, um mit der Zeit Vermögen aufzubauen. Als ich zum ersten Mal von Dividenden hörte, dachte ich, dass es sich kaum lohnte, sich damit zu befassen. Was bringen mir 3 % jährlich, dachte ich. Leider hatte ich mich nie mit dem Zinseszinseffekt beschäftigt, die eine solche Anlage mit sich bringt. Auch hatte ich noch nie von Dividendenwachstum gehört. Das alles schien mir ein Thema für Leute mit großem Vermögen zu sein. Wenn ich über wenig Geld verfüge, muss ich an der Börse ganz andere Dinge tun, um zu Vermögen zu kommen, meinte ich. Es hat daher eine ganze Weile gedauert, bis ich meinen Irrtum einzusehen begann.

Denn wenn du systematisch die Dividenden-Ausschüttungen reinvestierst (du kaufst mit den Dividenden weitere Aktien, die dann wiederum mehr Dividenden ausschütten), baust du im Grunde eine Geldmaschine auf, die irgendwann von selbst läuft. Es ist eine relativ sichere Methode, die tausendfach bewiesen ist. Um die Macht von Dividendenaktien zu zeigen, schauen wir uns am besten einige Beispiele von einfachen Leuten an, die dank Dividendenaktien vermögend geworden sind.

7. Einfache Leute, die dank Dividenden Millionäre geworden sind

Beispiel 1: Anne Scheiber

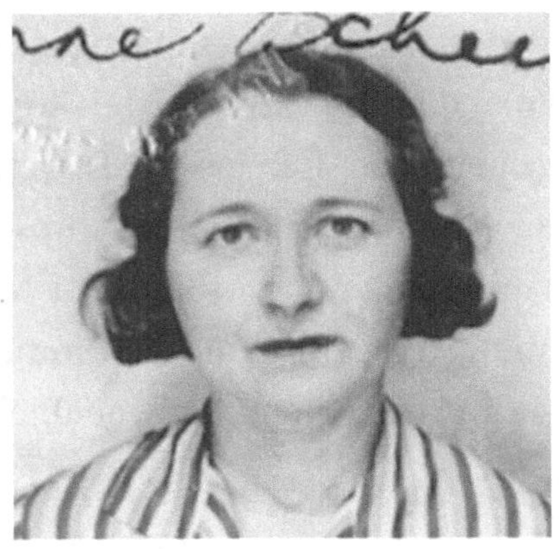

1935 ist Anne Scheiber eine kleine Angestellte jüdischer Herkunft, die beim Finanzamt im US-Bundesstaat Tennessee als Buchhalterin arbeitet. Sie erhält ein überschaubares Gehalt von 3.150 Dollar im Jahr. Da sie keine Kinder hat und bescheiden lebt, gelingt es ihr nach einer Weile, 5.000 Dollar zu sparen, die sie in Aktien anzulegen beginnt. Anne Scheiber hat nie ein Gehalt von mehr als 4.000 Dollar pro Jahr bekommen und wurde im Übrigen nie befördert.

In 1944 ist Anne Scheiber einundfünfzig und geht in Rente. Ihr Aktienportfolio ist zu dieser Zeit bereits zu einem Wert von 21.000 Dollar angewachsen. (Inflationsbereinigt wäre dies etwa 297.000 Dollar in heutigem Geld).

Sie zieht in ein kleines Apartment in Manhattan, in der Nähe des Central Park. Sie bezieht eine Jahresrente von 3.100 Dollar, aber fährt die nächsten fünfzig Jahre fort, sich mit der Börse zu beschäftigen. Obwohl ihr Vermögen von Jahr zu Jahr weiter wächst, behält sie ihren bescheidenen Lebensstil. Berichten zufolge bröckelte die Farbe von den Wänden ihres Apartments und sie lebte inmitten angestaubter alter Möbel. Wenn sie ihre Wohnung verließ, dann fast immer im selben schwarzen Mantel mit einem matronenhaften Hut auf dem Kopf.

Im Laufe der Jahrzehnte baut Anne Scheiber als Rentnerin ein Aktienportfolio auf, das aus mehr als 100 Titeln besteht. Sie setzt dabei nicht auf „innovative Aktien" oder die Hochflieger der Zeit. Im Gegenteil, sie kauft die Blue Chips, also Aktien, die ihre Wachstumsphase längst hinter sich haben. Es sind die Unternehmen, deren Kurse längst nicht mehr so stark steigen. Sie kauft zum Beispiel Aktien der Getränkehersteller Coca-Cola und Pepsi. Sie hat Papiere des Filmstudios Paramount oder großer Pharmakonzerne wie Schering-Plough (heute Merck & Co).

Obwohl sie längst vermögend ist, behält sie ihren sparsamen und auch etwas exzentrischen Lebensstil bei. Laut einer Anekdote soll sie das Essen einer Aktionärsversammlung, an der sie teilgenommen hatte, mit nach Hause genommen haben und sich noch drei Tage lang davon ernährt haben. Bis zu ihrem Tod 1995 lebte sie in der gleichen Wohnung und trug die gleiche Kleidung wie 1944.

Anne Scheiber war gleichsam der Inbegriff des sparsamen Einkommensinvestors. Sie ignorierte alle Kursschwankungen an der Börse und legte die Dividenden konsequent wieder an. Sie hat nie eine Aktie verkauft, auch nicht, als die Börse ordentlich nach unten ging wie während der Wirtschaftskrise in den frühen 1970er-Jahren oder beim „Schwarzen Montag" im Jahr 1987.

Bei ihrem Tod bestand ihr Portfolio zu 30 Prozent aus Anleihen, denn in ihren letzten Lebensjahren hatte Scheiber die Dividenden zum Kauf von steuerfreien Kommunalobligationen genutzt. Der Depotwert belief sich am Ende ihres Lebens auf etwa 22 Millionen Dollar. Allein die Ausschüttungen summierten sich auf rund 750.000 Dollar pro Jahr.

Testamentarisch vermachte Scheiber ihr gesamtes Vermögen einer privaten jüdischen Hochschule in New York, der Yeshiva University. Niemand in dieser Hochschule hatte je von Anne Scheiber gehört. Im

Übrigen brachte dieses Institut einige bekannte Persönlichkeiten hervor, wie die Autoren Herman Wouk und Chaim Potok und den Neurologen Oliver Sacks.

Wir schauen uns die zehn größten Positionen in ihrem Portfolio an, als Anne Scheiber starb.

Bild 1: Anne Scheibers Aktienportfolio, größte Positionen 1995

Company	Shares owned	$ Price 1995	value	Gain
Schering-Plough (SGP)	64,000	59.25	3,788,800	62%
Pepsico (Pep)	27,000	57.5	1,552,500	65%
Allied Signal (ald)	20,934	49.25	1,030,999	44%
Loews (LTR)	14,061	78	1,096,758	75%
Bristol-Myers Squibb (BMY)	10,080	84.5	851,760	45%
Coca-Cola (KO)	9,048	79.25	717,054	60%
Allegheny Power System (AYP)	8,000	28.25	226,000	30%
Rockwell International (ROK)	4,640	51.75	240,120	46%
Unocal (UCL)	3690	28.75	106,087	10%
Exxon (Xon)	1664	84	139,776	39%
Total	163,117		9,749,854	

Anne Scheiber hat in den Pharmaunternehmen Schering-Plough und Bristol-Myers Squibb bedeutende Positionen aufgebaut. Dies ist nicht untypisch für Dividendenportfolios. Pharmaunternehmen sind oft gute Dividendenzahler. In Schering-Plough baute Anne Scheiber im Laufe der Jahrzehnte eine gewaltige Position von 64.000 Aktien auf! Diese Position allein entsprach – als sie starb - einem Vermögen von $ 3.788.800.

Sie hatte auch große Aktienpositionen in den beiden Getränkekonzernen Pepsico und Coca-Cola. Kein

Wunder, denn beide Unternehmen sind ebenfalls robuste Dividendenzahler. Wir finden ferner die typischen Versorger wie Allegheny Power System aus Pennsylvania und mit Unocal (2005 von Chevron übernommen) und Exxon hatte sie Öl und Gas im Depot.

Alle diese Aktienunternehmen sind urgediegene – und man muss fast sagen „langweilige" – Dividendenklassiker. Es machte für Anne Scheiber auch deshalb Sinn, langfristig Aktienpositionen in diese Unternehmen aufzubauen, weil die Wahrscheinlichkeit, dass sie Pleite gehen würden, sehr gering war. Eher wurden sie von einem Konkurrenten gekauft, wie dies Bei Schering-Plough, Allied, Rockwell International und Unocal der Fall war. Übernahmen brauchen Anleger nicht zu fürchten. Im Gegenteil. Sie gehen in der Regel mit stark steigenden Kursen einher, was zusätzliches Geld in das Portfolio eines Dividendenanlegers spült.

Beispiel 2: Ronald Read

Unser zweiter Investor hat genauso wie Anne Scheiber eine unglaubliche Geschichte und gehört somit zur Kategorie „verborgene Millionäre". Read war der Typ Mensch, von dem es die wenigsten erwarten würden, dass er reich war. Er wuchs in Dummerston, Vermont, in einem verarmten landwirtschaftlichen Haushalt auf. Er lief oder trampte täglich 6,4 km zu seiner High School und war der erste Abiturient seiner Familie. Während des Zweiten Weltkriegs meldete er sich bei der Armee und diente in Italien als Militärpolizist. Nach dem Krieg kehrte Read nach Brattleboro, Vermont, zurück, und arbeitete dann etwa 25 Jahre lang als Tankwart und Mechaniker. Ein Jahr lang ging Read „in den Ruhestand" und nahm dann siebzehn Jahre lang einen Job als Hausmeister an – bis 1997.

Von Read wird gesagt, dass er das Holzhacken liebte. Er fuhr oft mit dem Auto zum Gehöft seiner Familie, um dort Brennholz zu lagern. Zudem las er auf dem Boden Äste für seinen Holzofen auf.

Read sammelte Briefmarken und Münzen. Er trank regelmäßig einen Kaffee im Café des Brattleboro Memorial Hospital und frühstückte einen englischen Muffin mit Erdnussbutter. Der Entwicklungsleiter des Krankenhauses besorgte ihm 2007 seinen ersten Bibliotheksausweis. Daraufhin besuchte er regelmäßig die Bibliothek, um mit einem Stapel Bücher nach Hause zu verschwinden.

Als er 2014 starb, vermachte er der Brooks Memorial Library 1,2 Millionen US-Dollar und dem Brattleboro Memorial Hospital 4,8 Millionen US-Dollar. Es stellte sich heraus, dass Read über ein Dividendenportfolio im Wert von fast acht Millionen Dollar verfügte.

Auch Read hatte nur in Blue-Chip-Aktien investiert. Er mied Technologieunternehmen. Auch er hatte über Jahrzehnte die Dividenden, die er erhielt, geduldig reinvestiert. Deshalb schauen wir auch Reads zehn wichtigste Positionen an.

Bild 2: Ronald Read zehn wichtigste Aktienpositionen

Company	value in $
Wells Fargo	510,900
Procter & Gamble	364008
Colgate-Palmolive	252104
American Express	199034
J.M. Smucker	189722
Johnson & Johnson	183881
VF Corp.	152208
McCormick	145055
Raytheon	142970
United Technologies	140880
Total	**2,280,762**

Wie wir sehen, bildeten die zehn „größten" Positionen von Ronald Read nur den kleineren Teil seines Gesamtportfolios. Wir kennen seine anderen Positionen nicht, aber zu vermuten ist, dass Read ein breit gestreutes Portfolio mit dutzenden von Unternehmen besaß. Dennoch ist es interessant zu schauen, in welchen Unternehmen Read das meiste Geld investiert hatte.

Seine größte Position war Wells Fargo, eine Bank mit einer Marktkapitalisierung von 274 Milliarden US-Dollar (2017). Es ist die zweitwertvollste Bank der Welt nach JP Morgan Chase. Berkshire Hathaway, das Unternehmen von Warren Buffet, hält aktuell 9,8

% der Anteile. An zweiter und dritter Stelle kommen Procter & Gamble (Gilette, Always, Oil of Olaz, Oral-B, Pampers) und Colgate Palmolive (Ajax, Elmex, Aronal). Also zwei Konsumgüterkonzerne. „Langweiliger" geht kaum…

American Express braucht wohl kaum vorgestellt zu werden. J.M. Smucker ist ein Hersteller von Marmelade, Erdnussbutter und Eiscreme. VF Corp ist ein Bekleidungsunternehmen (Lee Jeans, Wrangler). Mit Johnson & Johnson investierte Read einen Teil seines Geldes in ein Pharmaunternehmen. McCormick ist ein Hersteller von Traktoren. Mit Raytheon (Patriot) hatte Read auch ein Rüstungsunternehmen im Depot und mit United Technologies ein Technologieunternehmen, das in der Raumfahrt tätig ist, aber auch Aufzugsanlagen und Klimaanlagen baut.

Schaut man sich Reads Liste an, fällt noch etwas auf. Fast alle Unternehmen sind über 100 Jahre alt.

Wells Fargo 1852

Procter & Gamble 1837

Colgate Palmolive 1806

J.M. Smucker 1897

Johnson & Johnson 1886

VFCorp 1899

McCormick 1856

Lediglich Raytheon (1927) und United Technologies (Steel Propeller war der Vorgänger 1919) sind etwas „jüngeren“ Datums. Mit anderen Worten, Read baute sein Vermögen nicht mit modernen Technologiekonzernen auf. Er setzte geradezu auf die Dinosaurier des industriellen Zeitalters. Alle diese Unternehmen haben eine lange Dividendenhistorie und gehören zum Rückgrat der amerikanischen Wirtschaft. Read war eben das klassische Beispiel eines Anlegers, der auf hochwertige Blue-Chip-Aktien setzt und über Jahrzehnte die Dividenden, die diese Riesen bezahlen, geduldig reinvestiert!

Beispiel 3: Grace Groner

Es gibt wohl kaum eine Geschichte, die die Macht der Dividendenstrategie besser illustriert als die von Grace Groner. Grace Groner wurde 1909 in einer kleinen Bauerngemeinde in Lake County, Illinois, geboren. Im Alter von zwölf Jahren wurde sie zusammen mit ihrer Zwillingsschwester, Gladys, Waise. Die beiden Mädchen wurden von einem der Mitglieder der Gemeinde, George Anderson, aufgenommen. Er finanzierte ihr Studium im nahe gelegenen Lake Forest College. Die Familie Anderson betrachtete sie einfach als zur Familie zugehörig. Grace lebte zusammen mit Ann Findlay, einer älteren Verwandten, in einem kleinen Häuschen mit einem Schlafzimmer. Sie heiratete nie und arbeitete 43 Jahre lang als Sekretärin für das Unternehmen Abbott Laboratories. Sie hatte wenig Bedürfnisse, besaß in ihrem ganzen Leben nie ein Auto. Sie kaufte ihre Kleider bei Ramschverkäufen und gab anscheinend auch immer wieder Geld an Bedürftige. Den einzigen Luxus, den sie sich leistete, war zu reisen.

1935 investierte Groner 180 Dollar in drei Aktien von Abbott Laboratories. Anschließend reinvestierte sie die Dividenden für die nächsten 75 Jahre. Sie hat nie eine einzelne Aktie verkauft. Ihre Abbott-Aktien wurden in den nächsten 75 Jahren mehrfach gesplittet. Grace Groner machte nichts anderes als Jahr für Jahr die Dividenden von Abbot in neue Aktien von Abbot zu reinvestieren. Es war das einzige Unternehmen, von denen sie je Aktien gekauft hatte. Am Ende ihres Lebens hatte sie über 100.000 Abbott-Aktien.

Niemand wusste, dass die unscheinbare ältere Dame ein Vermögen angehäuft hatte. Nach ihrem Tod 2010 wurde bekannt, dass ihr Nachlass insgesamt mehr als sieben Millionen Dollar betrug. Er wurde einer Stiftung vermacht, die sie vor ihrem Tod gegründet hatte. Man schätzt, dass die Stiftung jährlich 300.000 Dollar an Zinsen aus ihrem Nachlass erhielt. Sie äußerte den Wunsch, dass das Geld den Studenten des Lake Forest College zugute kommen sollte. Damit konnten unabhängige Studien, Praktika, internationale Studien- und Dienstleistungsprojekte sowie ein mögliches Stipendium für Studenten der Pharmazie-Schule finanziert werden. Der Leiter der Schulstiftung „fiel fast von seinem Stuhl", als er von Graces Groners Schenkung an die Schule erfuhr.

Grace Groners „Aktiendepot" brauchen wir ja nicht näher zu studieren, denn es bestand aus lediglich einer Aktie: Abbott Laboratories, das Unternehmen, in dem sie selber 43 Jahre lang als Sekretärin gearbeitet hatte.

Mit einer „Anfangsinvestition" von $ 180, mit der sie gerade mal drei Aktien kaufen konnte, baute sie über Jahrzehnte ein Vermögen von mehr als sieben Millionen Dollar auf. Wohlgemerkt mit einer einzelnen Aktie!

Das Unternehmen Abbot Laboratories wurde 1888 in Abbott Park, North Chicago, Illinois, gegründet. Das Kerngeschäft des Pharmakonzerns mit rund 73.000 Mitarbeitern liegt in der Erforschung, Entwicklung und Herstellung verschiedener Arzneimittel aus Humanmedizin und Veterinärmedizin sowie in den Bereichen Labordiagnostik und klinische Ernährung. Das Unternehmen gehört zu den Dividendenaristokraten, einer Gruppe von Dividendenaktien mit mehr als 25 Jahren aufeinanderfolgender Dividendenerhöhungen.

8. Was ist der Zinseszinseffekt?

Die drei Beispiele zeigen eindrucksvoll, dass, wer langfristig Vermögen aufbauen will, sich mit dem „Zinseszinseffekt" auseinandersetzen sollte. Dieser „Effekt", den Albert Einstein auch das „achte Weltwunder" genannt hat, ist der entscheidende Unterschied, ob du eines Tages zu den Gewinnern oder Verlierern des Geldspiels gehören wirst. Es klingt vielleicht etwas grausam, Fakt ist aber, dass das Verständnis dieses Effektes darüber entscheidet, ob du ein Leben lang für Geld arbeiten musst oder ob eines Tages das Geld für dich zu arbeiten beginnt.

Damit wir den Zinseszinseffekt verstehen, müssen wir zunächst den <u>einfachen Zins</u> begreifen. Den kennt eigentlich jeder. Stell dir vor, du hast 1.000 Euro übrig und findest eine Form der Geldanlage, die dir jährlich 10 % erbringt. In dem Fall erwirtschaftet dein Geld nach einem Jahr 10 % oder 100 Euro. Nach einem Jahr verfügst du über ein Kapital von 1.100 Euro.

Leider würdigen die meisten Menschen diese Verzinsung von 10 % nicht. Sie sagen sich: diese 100 Euro, die hauen wir über den Kopf und gehen mal gut essen. Dagegen lässt sich doch nichts einwenden oder, zumal man nach einem weiteren Jahr wieder essen gehen kann. Denn das Kapital hat nach einem Jahr erneut 10 % erwirtschaftet und es stehen wieder 1.100 Euro zu Buche. Man könnte geradezu aus diesem jährlichen Essen eine schöne Tradition machen.

Nun gibt es aber ein Problem mit dem einfachen Zins. Dein Kapital wächst nicht. Es bleibt bei 1.000 Euro stehen. Es ist sogar schlimmer. Denn durch die jährliche Inflation verlieren deine 1.000 Euro an Kaufkraft. Wenn du mit deinen 100 Euro im ersten Jahr noch in einem guten Restaurant essen konntest, reicht es nach zehn Jahren allenfalls noch für eine Pizzabude. 100 Euro heute ist längst nicht dasselbe wie 100 Euro in zehn Jahren.

Jetzt kommen wir zum Zinseszins. Anstatt jedes Jahr essen zu gehen, lässt du die jährliche Verzinsung auf dem Konto stehen. Auf dieser Weise reinvestierst du deine 100 Euro anstatt sie zu verspeisen. Nach zwei Jahren ist in dem Fall nicht nur dein Startkapital gewachsen, sondern auch die 10 % Zinsen, die du reinvestiert hast.

Dein Kapital ist nun nach zwei Jahren: 1.100 Euro x 1,10 = 1.210 Euro

Du hast nun zwei Mal 100 Euro Zinsen empfangen plus 10 Euro Zinseszins. Diese 10 Euro sind der erste Zinseszins, den du aus deiner Investition bekommst. Anstatt 100 Euro (wie im ersten Jahr) hat unsere

Anlage nun 110 Euro erwirtschaftet. Ein etwas besseres Restaurant, wenn man will.

Das sieht auf den ersten Blick noch bescheiden aus, aber lasst uns weiterschauen, wenn wir auch diesen Zinseszins zusammen mit unseren einfachen Zinsen für uns weiter „arbeiten" lassen.

Nach fünf Jahren bekommen wir schon 146,41 Euro ausgeschüttet. Und unser Kapital ist auf 1.610,51 Euro angewachsen.

Nach zehn Jahren bekommen wir gar 235,80 Euro ausgeschüttet. Unser Kapital ist nun auf 2.593,75 Euro angewachsen. So langsam werden die Restaurants richtig gut…

Nach zwanzig Jahren erwirtschaftet unser Kapital bereits 611,59 Euro. Der Kapitalzähler steht nun auf 6.727,52 Euro!

Nach dreißig Jahren schließlich schüttet unsere Anlage 1.586,31 Euro aus, also mehr als die ursprüngliche Anlage von 1.000 Euro! Wir verfügen nun über ein Kapital von 17.449,44 Euro. Das bedeutet, dass unser Startkapital sich versiebzehnfacht hat! Hier wird die Macht des Zinseszinses hoffentlich deutlich. An der Stelle „arbeitet" unser Geld längst für uns.

Im Übrigen hätten wir nach 50 Jahren 117.391 Euro erwirtschaftet. Wohlgemerkt mit einem einmaligen Einsatz von 1.000 Euro! Wir haben dem Startkapital im Laufe der Jahre keinen Cent hinzugefügt. Grafisch sieht das Wachstum so aus:

Bild 3: 1.000 Euro nach 50 Jahren mit einer Verzinsung von 10 %

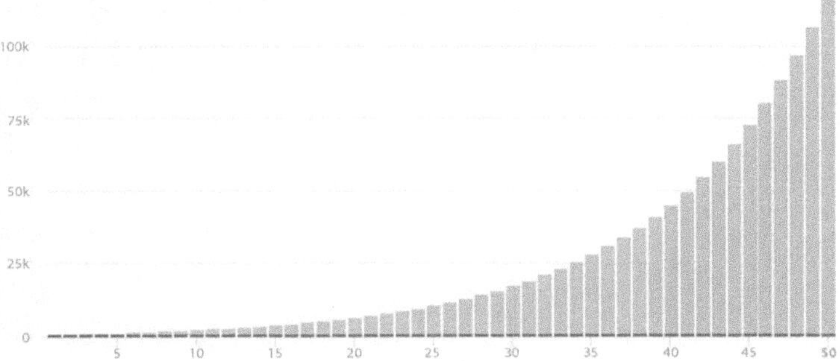

Der kleine dunkelblaue Balken vom Anfang stellt unser Anfangskapital dar. Der hellblaue Balken darüber sind die Zinsen. Wie du vielleicht siehst, war das Wachstum unserer 1.000 Euro-Anlage anfangs eher langsam. Aber nach 15 bis 20 Jahren kam dann richtig Fahrt herein. Unser Kapital begann dank des Zinseszinseffektes immer stärker zu wachsen. Das bedeutet, dass die Kurve „exponentiell" zu wachsen beginnt. Sie wächst nicht nur, weil die Verzinsung das Kapital Jahr für Jahr wachsen lässt. Sie wächst auch, weil *die Verzinsung selbst* zu wachsen beginnt. Nach hinten werden die Sprünge immer größer wie man im Diagramm sehen kann.

Die meisten Menschen werden diesen Effekt wohl eher unter dem Begriff „Schneeballsystem" kennen.

Der sogenannte „Kettenbrief" ist ein gutes Beispiel. Wenn jemand einen Kettenbrief erhält und ihn an zehn weitere Personen weiterleitet, die ihn wiederum an je zehn Personen weiterleiten, dann wurden nach dem fünften Empfänger theoretisch bereits 100.000 Briefe verschickt. Und seit der Corona-Krise weiß nun hoffentlich jeder, was eine exponentielle Kurve bedeutet.

9. Was ist besser: Hohe Dividenden oder Dividendenwachstum?

Wenn man das Thema „Dividende" zur Sprache bringt, sind Anfänger oft begeistert von Unternehmen, die „hohe" Dividenden zahlen. Diese Unternehmen gibt es natürlich. Dividenden von acht, neun, ja über zehn Prozent scheinen dann die Lösung darzustellen, um wenigstens „etwas" Rendite auf sein Geld zu erwirtschaften, denn Zinsen im eigentlichen Sinne gibt es kaum noch.

Schlimmer. Wir sind längst in das Zeitalter der Negativzinsen eingetreten. Im Klartext: Wer sein Geld auf dem Sparkonto liegen lässt, hat unter Umständen nach einem Jahr weniger Geld als im Jahr zuvor. Geldentwertung oder Inflation (besser: reale Kaufkraft des Geldes) sind da noch nicht berücksichtigt. Da ist eine Dividende von neun Prozent als Alternative doch sehr willkommen, oder? Denn dann hat man wenigstens etwas von seinem Geld und erhält zumindest auch die Kaufkraft.

So einleuchtend dieser Gedanke zu sein scheint, so führt er leider oft zu falschen Schlüssen. Gerade die Auswirkungen des Niedrigzinsumfelds haben dazu geführt, dass viele Unternehmen, die hohe Dividenden zahlen, auch übermäßige Schulden haben. Dann hast du vorübergehend eine gut zahlende Dividendenaktie im Depot, aber auch eine tickende Zeitbombe.

Anstatt sich ausschließlich auf die Aktien mit den höchsten Renditen zu konzentrieren, setzt der erfahrene Dividendeninvestor eher auf Unternehmen mit einer etablierten Geschichte des Dividendenwachstums. Unternehmen mit jahrzehntelanger konstanter Dividendenausschüttung sind in der Regel verlässlicher als hohe Dividendenzahler. Er wird sein Portfolio also eher mit Aktien von Unternehmen aufbauen, die nachhaltige und vor allem wachsende Dividenden zahlen. Studien haben erwiesen, dass ein solches Portfolio robuster aufgestellt ist, weil es Schutz gegen Marktschwankungen und auch verlangsamtes Wirtschaftswachstum bietet.

Dividenden werden aus dem Gewinn eines Unternehmens gezahlt und sind unabhängig vom aktuellen Marktkurs der Aktie zu betrachten. Zahlt ein Unternehmen nun seit Jahrzehnten verlässlich eine Dividende (ohne sie zu kürzen), haben wir es mit einem viel besseren Indikator für die Unternehmensleistung zu tun als es die Höhe der Rendite wäre.

Eine hohe Dividende ist oft auch der Ausdruck eines starken Kursverfalls. Lag der Kurs einmal bei 100 Euro und das Unternehmen zahlte eine Dividende von 3 Euro, dann war die Dividendenrendite eben 3

%. Fällt der Kurs der Aktie nun bis auf 30 Euro und das Unternehmen hält seine Aktionäre ruhig, indem es weiterhin 3 Euro Dividende jährlich auszahlt, so liegt die aktuelle Rendite bezogen auf den Aktienkurs bei 10 %. Dies mag einem Renditejäger das Wasser in den Mund kommen lassen, täuscht aber nicht über die Tatsache hinweg, dass der Kurs der Aktie auf weniger als ein Drittel gefallen ist.

Deswegen schaut der erfahrene Dividendeninvestor eher auf die regelmäßige Erhöhung der Dividende. Denn wenn ein Unternehmen jedes Jahr die Dividende erhöht, bedeutet dies, dass der Zins auf die Aktien, die ich heute kaufe, im nächsten Jahr um einiges höher liegen wird. Mit jedem Jahr, in dem ich also in der Aktie dieses Unternehmen investiert bleibe, erhöht sich der prozentuale Wert meiner Dividende bezogen auf meine Anfangsinvestition.

Als Beispiel möge eine hypothetische Aktie dienen, deren Kurs heute exakt 100 Dollar am Markt beträgt. Schüttet das Unternehmen heute eine Dividende von 3 Dollar aus, so beträgt die Verzinsung meines Kapitals 3 %. Erhöht das Unternehmen im darauffolgenden Jahr seine Dividende auf 3,30 Dollar, erhöht sich somit die Verzinsung meines Kapitals auf 3,30 %. Wenn diese Steigerung auf den ersten Blick als „unbedeutend" erscheinen mag, so stellt diese Erhöhung der Dividende immerhin eine Steigerung von 10 % dar.

Setzt ein Einkommensinvestor mehrheitlich auf Aktien, deren Dividende jährlich erhöht wird, setzt er auf eine stetig steigende Verzinsung seines Kapitals. Die meisten Investoren, die auf Dividendenwachstum setzen, streben Dividendenausschüttungen an, die jährlich zwischen 5 und 10 % oder mehr steigen.

Ein bekanntes Beispiel ist Coca Cola. Dieses Unternehmen konnte die Dividende seit nunmehr 57 Jahren erhöhen. Das Wachstum hat sich in den letzten Jahren zwar etwas verlangsamt (März 2020), dennoch wuchs die Dividende in den letzten zehn Jahren immer noch mit 6,91 %! Coca Cola ist eine echte Cash-Maschine, die seine Investoren einfach nur glücklich macht.

Es gibt aber bezüglich des Dividendenwachstums noch einen anderen Aspekt, der die Frage genauer beantwortet, ob du auf Dividendenwachstum oder doch auf eine hohe Dividende setzen solltest: *Die kumulierten Dividenden.* Am besten schauen wir uns dies anhand eines Beispiels an. Nehmen wir an, wir hätten die Wahl zwischen einer Aktie mit einer niedrigeren Dividende und einem hohen Dividendenwachstum und einer Aktie mit einer hohen Dividende ohne Dividendenwachstum.

Aktie 1: Dividendenrendite von 3,3 %
Dividendenwachstum 10 %

Aktie 2: Dividendenrendite von 7,5 %
Dividendenwachstum 0 %

Bild 4: Dividendenrendite gegen Dividendenwachstum

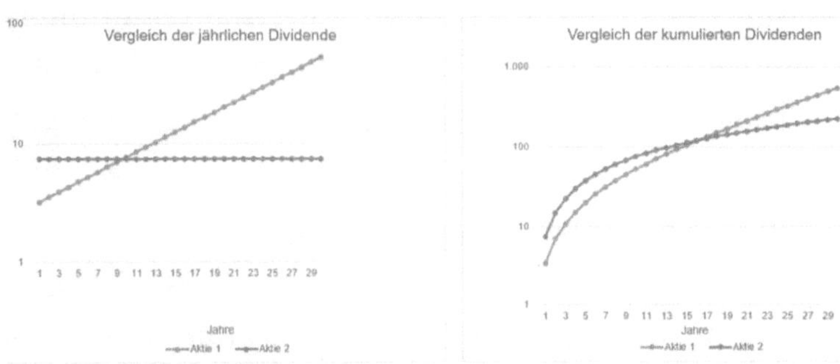

Die blaue Linie symbolisiert Aktie 1 und die rote Linie Aktie 2. Im Chart links sehen wir, dass wie erwartet Aktie 2 in den ersten zehn Jahren deutlich mehr Rendite erwirtschaftet als Aktie 1. Erst nach elf Jahren zieht Aktie 1 mit Aktie 2 gleich, beginnt dann aber deutlich eine höhere Rendite zu erwirtschaften.

Schauen wir uns aber das rechte Diagramm an, ergibt sich ein ganz anderes Bild. Das rechte Diagramm zeigt uns grafisch die *kumulierten Dividenden*, also die Summe aller ausgeschütteten Dividenden für beide Aktien. Betrachtet man diesen Aspekt, so sieht man, dass der Anleger 17 Jahre warten musste, bevor Aktie 1 kumulativ mehr Rendite erwirtschaftet als Aktie 2. Außerdem dauert es fast 30 Jahre bis der Unterschied signifikant wird.

Diese Tatsache lässt natürlich Fragen bezüglich des Anlagehorizonts aufkommen. Wer viel Zeit hat (und jung ist), sollte demnach eher auf Dividendenwachstum setzen. Wessen Anlagehorizont auf zehn Jahre oder auf maximal 20 Jahre begrenzt ist (Anleger in ihren Vierzigern oder Fünfzigern), sollte demnach ihr Portfolio eher mit Aktien bestücken, die eine höhere Rendite erwirtschaften.

Solche Aktien sind zum Beispiel heute (März 2020) Altria (8,5 %), AT&T (6,4 %), Royal Dutch Shell (14,10 %), also Aktien mit einer Dividendenrendite von über 5 %. Wer jünger ist, kann ohne weiteres Aktien ins Depot legen, die noch mehr Wachstumspotenzial haben und von daher niedrigere Dividenden ausschütten. Kandidaten wären Februar 2020 etwa Apple (1,3 %), Ebay (1,9 %) oder Starbucks (2,6 %). Die Dividendenrendite dieser Unternehmen ist im Augenblick zwar niedrig, aber es sind allesamt Unternehmen, die hohe Gewinne erzielen und die ihre Dividenden über Jahre ohne Probleme erhöhen können.

10. Welche Sektoren zahlen die höchsten Dividenden?

Wenn du etwas tiefer in das Thema Dividenden einzusteigen beginnst, wirst du schnell feststellen, dass es Branchen gibt, die deutlich mehr Dividenden zahlen als andere. In der Regel sind zum Beispiel die Technologieunternehmen nicht dafür bekannt, dass sie üppige Dividenden zahlen. Der Grund ist einfach. Viele Technologieunternehmen sind Wachstumsunternehmen. Diese reinvestieren eher die Gewinne, um schneller wachsen zu können.

Telekommunikationsunternehmen, Versorger und Versicherer sind öfter etablierte Unternehmen mit Kunden, die auf regelmäßiger Basis Rechnungen oder Versicherungsbeiträge an diese Unternehmen zahlen müssen. Dies verschafft diesen Unternehmen einen verlässlichen Cashflow und sie sind daher in der Lage, eine höhere Dividende an ihre Aktionäre zu zahlen.

Ich liste hier die wichtigsten Sektoren der amerikanischen Wirtschaft auf und erwähne einige der bekanntesten Dividendenzahler. Die Dividendenrendite datiert von März 2020 (also während der Corona-Krise). Sie ist also eine Momentaufnahme. Sie dient nur dazu, dem Leser eine Orientierung zu geben. Bitte beachte, dass sich die Dividendenrendite auf Grund von Kursveränderungen jederzeit ändern kann.

Der **Technologiesektor** (Technology) umfasst mehrere Branchen, darunter Telekommunikation, IT-Dienstleistungen, Halbleiterherstellung, Software, Daten-Hosting-Dienste, Biotechnologie und wissenschaftliche Forschung. Dieser Sektor hat viele bekannte Namen wie Alphabet (Google), Facebook oder Microsoft. Die Dividendenrendite von Technologieunternehmen ist in der Regel niedrig.

Gute und bekannte Dividendenzahler sind hier IBM (5,07 %), Cisco (3,63 %), Verizon (4,33 %) und AT&T (5,62 %)

Der **Grundstoffsektor** (Basic Materials) besteht aus mehreren Komponenten, darunter Öl und Gas, Metalle, Chemikalien, Baumaterialien, Wald, Holz und Papierprodukte.

Gute Dividendenzahler sind hier Exxon Mobil (7,3 %), Chevron (5,41 %) und Dow Inc (7,19 %)

Die **Konsumgüter** (Consumer Goods) sind Produkte, die nicht von Herstellern und Unternehmen, sondern von Verbrauchern gekauft werden. Hier finden wir Autoteile, Lebensmittel, Papierprodukte bis hin zu Bekleidung.

In der Regel teilt man den Konsumgütersektor in zwei Kategorien: zyklisch und nicht-zyklisch. Zu den zyklischen Konsumgütern gehören Produkte und Dienstleistungen für den Verbraucherverkehr, einschließlich Fluggesellschaften, Unterhaltung, Restaurants und Spielzeug. Zu den nicht-zyklischen Gütern gehören Produkte, die typischerweise weniger vom Konjunkturzyklus betroffen sind. Zu diesen Gütern gehören Nahrungsmittel, Getränke und Tabak.

Gute Dividendenzahler in diesem Sektor sind zum Beispiel Coca Cola (2,97 %), Procter & Gamble (2,45 %), Colgate Palmolive (2,37 %) und Altria (7,4 %).

Der **Finanzsektor** (Financial) umfasst mehrere geldbezogene Branchen, darunter Banken, Spar- und Kreditwesen, Versicherungen und Immobilien. Obwohl der Sektor in der Vergangenheit attraktive Renditen erzielte, kam er in der Finanzkrise von 2008-2009 unter die Räder.

Regelmäßige Dividendenzahler sind hier Bank of America (2,8 %) und JPMorgan Chase (3,33 %).

Der **Gesundheitssektor** (Healthcare) setzt sich aus Unternehmen zusammen, die in den Bereichen Biotechnologie, Pharmazeutika, Gesundheitsdienstleistung, medizinische Produkte, medizinische Geräte und Zubehör tätig sind. Es gibt sieben Unternehmen in diesem Sektor, die seit 25 Jahren in Folge die Dividenden erhöhen, darunter Johnson & Johnson (2,68 %), Merck (2,97 %), und Pfizer (4,34 %).

Der **Industriegütersektor** (Industrial goods) umfasst Unternehmen, die Industrieprodukte herstellen oder Dienstleistungen erbringen.

Obwohl die durchschnittliche Dividendenrendite dieser Branche niedrig ist, gibt es auch hier gute Dividendenzahler: Caterpillar (3,39 %), 3M (3,83 %) und Honeywell (2,19 %)

Der **Dienstleistungssektor** (Services) umfasst Unternehmen, die immaterielle Güter produzieren oder verkaufen, Großhändler und Speditionen. Dieser Sektor beinhaltet die Branchen Unternehmensdienstleistungen, Restaurants, Lebensmittelgeschäfte und Beherbergung.

Gute Dividendenzahler sind hier The Home Depot (2,63 %), McDonalds (2,51 %) und Starbucks (2,18 %).

Der **Versorgungssektor** (Utilities) ist in Strom-, Gas- und Wasserversorgungsunternehmen unterteilt. Die Unternehmen dieser Branche benötigen eine große Menge an Infrastruktur und sind daher hoch verschuldet. Wenn die Zinssätze steigen oder sinken, werden die Schuldenzahlungen entsprechend steigen oder sinken. Daher schneidet dieser Sektor im Allgemeinen am besten ab, wenn die Zinssätze niedrig sind.

Edison International (3,77 %) und The Southern Company (3,71 %) sind hier gute Dividendenzahler.

TEIL 3: WIE BEREITE ICH MICH AUFS EINKOMMENSINVESTIEREN VOR?

1. Wieviel sollte ich sparen?

Die Summe, die du von deinem Einkommen (nach Steuern) sparen kannst, nennt man die *Sparrate*. Viele Einkommensinvestoren sparen monatlich einen bestimmten Prozentsatz ihres Einkommens. Diese Rate bestimmt letztlich, wie lange du brauchen wirst, um finanziell frei zu sein oder finanzielle Unabhängigkeit zu erreichen. Gemeinhin wird von der Finanzindustrie eine Sparrate von 10 % des Einkommens empfohlen. Ich glaube nicht, dass dies eine gute Empfehlung ist. Für die meisten Menschen bedeutet dies, dass ihre Sparrate irgendwo zwischen 150 und 300 Euro liegen wird, je nach Höhe des Einkommens.

Es ist wichtig, dass du begreifst, dass eine solche Sparrate zwar besser ist als nichts, sie ist dennoch zu niedrig, um innerhalb von zehn oder auch zwanzig Jahren mit der Dividendenstrategie finanziell frei zu werden.

Die Beispiele in Kapitel 4 werden dies veranschaulichen. Zum einen ist die Regelmäßigkeit deiner Sparrate wichtig. Du solltest alles unternehmen, um die Kette des monatlichen Sparens nicht zu unterbrechen. Zum anderen spielt natürlich die Höhe deiner Sparrate eine entscheidende Rolle. Je mehr du monatlich investieren kannst, desto schneller kann der Zinseszinseffekt seine Arbeit verrichten. Schau dir also die Beispiele an, damit du in etwa abschätzen kannst, wieviel du sparen musst, damit du dein Ziel erreichst.

Eines kann ich dir vorweg sagen. Hast du einmal mit dem Sparen angefangen und siehst, wie die monatlichen Dividenden zu sprudeln beginnen, wird dich das enorm motivieren. Gerade die unmittelbaren Ergebnisse helfen dir, diszipliniert zu bleiben und deine Sparrate eisern einzuzahlen. Ja, vielleicht motiviert es dich sogar, deine Sparrate zu steigern.

Wie bei allen Dingen, bist du mehr motiviert, wenn du selber miterlebst, wie sich deine monatlichen Anstrengungen auswirken. Du siehst mit eigenen Augen, wie die Anteile der Unternehmen, an denen du beteiligt bist, von Quartal zu Quartal immer mehr Dividenden ausschütten.

Diese konkrete Wahrnehmung des Cashflows in deinem Aktiendepot ist etwas ganz anderes als das, was die üblichen Sparpläne oder Lebensversicherungen an Motivation bei dir mit sich bringen (wenn sie überhaupt irgendeine Motivation zustande bekommen). Bei dieser Form von „Investieren" bekommst du bestenfalls einmal im Jahr einen Auszug. Auf dem Papier steht dann eine abstrakte Zahl, die dir eigentlich nicht viel sagt. Und Begeisterung taucht schon gar nicht auf, wenn man die mickrigen Zinsen in Betracht zieht.

Ich habe mir mal nach einigen Jahren eine solche Rentenversicherung auszahlen lassen, weil ich es zu blöd fand, da noch einen Pfennig (es gab damals noch echtes Geld …) einzuzahlen. Ich brauche wohl kaum zu erwähnen, dass die Summe, die ich von der „Versicherung" zurückbekam, bedeutend kleiner war als die Gesamtsumme, die ich im Laufe der Jahre eingezahlt hatte. Begründet wurde das natürlich mit den Verwaltungskosten, die ein verfrühter Verkauf meiner Anteile mit sich bringen würde (sprich: fette Gehälter für die Manager). Kein Wunder, dass die Mitarbeiterin meiner Bank, die mir „dieses Produkt" einige Jahre zuvor verkauft hatte, mir dringend davon abriet, vorzeitig zu verkaufen.

2. Wie baue ich eine Watchlist auf?

Vielleicht hast du dir nun bereits einige Gedanken gemacht, in welche Unternehmen oder in welche Sektoren oder Branchen du gerne investieren möchtest. Vielleicht hast du dir auch schon einige Notizen gemacht und dir den einen oder anderen Namen eines potentiellen Kandidaten gemerkt. Gratuliere! Du hast den ersten Schritt zum Aufbau einer *Watchlist* gemacht. Jeder Anleger oder Investor, der die Sache ein wenig systematisch angeht, verfügt über eine Watchlist.

Wie der Name schon sagt: Eine Watchlist ist eine Liste von Aktien, die du ab jetzt regelmäßig beobachten wirst. Die Liste bildet den Pool, aus dem du deine Kaufkandidaten wählen wirst. Das heißt natürlich nicht, dass du nun gleich alle Aktien auf deiner Liste kaufen solltest. Ganz und gar nicht. Deine Watchlist ist auch gerade dafür da, den Aktien zu folgen, in denen du im Augenblick noch keine Position hast. Vielleicht hast du noch nicht gekauft, weil dir die Aktie im Augenblick zu teuer bewertet zu sein scheint. Oder du hast noch nicht gekauft, weil dir im Augenblick das Geld fehlt und weil du das vorhandene Kapital gerade in andere Aktien investierst. Das heißt aber nicht, dass du nicht vielleicht in der nahen oder fernen Zukunft die Aktien kaufen könntest, sollte sich eine gute Gelegenheit dazu anbieten. Gerade auch dafür ist deine Watchlist da, damit du hin und wieder einen Blick auf diese Aktie wirfst.

Es gibt auch überhaupt keinen Grund, die Watchlist oder Checkliste überstürzt zusammenzustellen, als würden dir morgen schon die besten Gelegenheiten der Welt entgehen, wenn die Liste heute noch nicht vollständig ist. Ganz im Gegenteil. Eine Watchlist wird genau wie der Aufbau eines Aktiendepots allmählich aufgebaut. Du wirst hin und wieder einen Kandidaten deiner Liste hinzufügen, der dir aussichtsreich erscheint. Und es kann selbstverständlich auch passieren, dass eine Aktie von deiner Liste gestrichen wird.

Wenn wir nun zu den Auswahlkriterien kommen, die für mich wichtig sind, habe ich versucht, die Sache so einfach und so klar wie möglich zu formulieren. Ich habe *vier Fragen* formuliert, die ich mir stelle, bevor eine Aktie auf die Liste kommt. Sie ist sozusagen die Checkliste, die potentielle Kandidaten auf ihre Tauglichkeit abklopft. Wohl gemerkt, die Checkliste ist meine Liste und basiert also auf meinen Kriterien, die ich habe, bevor ich kaufe. Wenn du selber andere oder zusätzliche Kriterien hast, solltest du sie deinen Fragen hinzufügen.

Meine erste Frage lautet:

Gibt es einen ethischen Vorbehalt beim Kauf dieser Aktie?

Diese Frage mag vielleicht dem einen oder anderen wundern, aber es macht in meinen Augen keinen Sinn, in ein Unternehmen zu investieren, wenn du das Produkt oder die Dienstleistung dieses Unternehmens verwerflich oder unsinnig findest. Selbst wenn dieses Unternehmen hervorragende Geschäftszahlen hat, seit Jahren regelmäßig seine Dividende erhöht und somit aus reinen Investitionsgründen betrachtet ein guter Kandidat wäre, würde ich trotzdem davon abraten, Aktien dieses Unternehmens zu kaufen.

Ich kaufe zum Beispiel keine Aktien von Rüstungsunternehmen, weil ich Rüstung unsinnig finde. Raytheon zum Beispiel ist ein amerikanisches Rüstungsunternehmen, das ein zuverlässlicher Dividendenzahler ist. Ich kaufe trotzdem keine Aktien von Raytheon. Ich bin mir aber durchaus darüber im Klaren, dass viele Amerikaner und auch Nicht-Amerikaner dies ganz anders sehen.

Im Gegensatz dazu habe ich zum Beispiel kein Problem mit Tabakaktien. Ich selbst rauche ab und zu mal eine gute Zigarre. Ich mache das, weil mir eine gute Zigarre von Zeit zu Zeit Spaß macht. Deswegen habe ich keine Vorbehalte gegen die Aktie von Altria (bis 2003 Philip Morris) mit der bekannten Marke Marlboro. Altria ist dafür bekannt, dass es eine hohe Dividende zahlt. Raucher sind nun mal zuverlässliche Kunden.

Ein Problem habe ich seit 2018 mit der Aktie der Bayer AG. Bekanntlich hat Bayer 2018 Monsanto gekauft. Monsanto produziert Saatgut und Herbizide. Das Unternehmen setzt aber auch Biotechnologien zur Erzeugung gentechnisch veränderter Feldfrüchte ein. Der umstrittene Wirkstoff Glyphosat wird unter anderem von Monsanto produziert. Grund genug für mich, keine Aktien von Bayer im Depot zu haben. Ich will das einfach nicht unterstützen, auch dann nicht, wenn Aktien von Bayer unter Investitionsgesichtspunkten ein guter Kauf wären. Der Punkt ist doch, dass ich gut schlafen will und meine Altersvorsorge nicht mit der Förderung eines solchen Produktes aufbauen will.

Ich kann mir aber vorstellen, dass es Anleger gibt, die das anders sehen. Es steht jedem frei, das zu kaufen, was er oder sie gut findet und man sollte auch jedem diese Freiheit lassen, finde ich.

Die zweite Frage mag vielleicht auch überraschen, aber sie ist in meinen Augen genauso fundamental wie die erste.

Verstehe ich das Geschäft dieses Unternehmens?

Es darf bei dieser zweiten Frage erlaubt sein, den bekanntesten Investor unserer Zeit, Warren Buffet, zu erwähnen. Buffet hält zum Beispiel bedeutende Positionen in Aktien von Coca Cola, McDonalds und Kraft Heinz (Heinz Tomatenketchup). Du kannst von diesen Unternehmen halten, was du willst, aber es gibt kaum einen Menschen, dem du erklären müsstest, was McDonalds macht oder was Coca Cola oder Tomatenketchup ist. Es ist nicht schwer zu verstehen, wie viele Hamburgers McDonalds in einem Jahr verkauft hat. Es sind Produkte des täglichen Bedarfs, die man jedem Kind erklären kann.

Buffet hat mittlerweile auch Aktien von Apple gekauft (sein Unternehmen Berkshire Hathaway hat einen Anteil von 5,6 % in Apple). Auch wenn Apple ein Technologieunternehmen ist, sollte es kein Problem darstellen, einem Zehnjährigen die Produkte dieses Unternehmens zu erklären (es könnte gut sein, dass der Zehnjährige über diese Produkte mehr weiß als du ...).

Buffet hat auch Aktien der drei bekanntesten Kreditkartenunternehmen Visa, Mastercard und American Express. Eine Kreditkarte hat heutzutage nun auch jeder. Auch der Zehnjährige übrigens (bei manchen Geldhäusern schon ab sieben Jahren!). Dieses „Produkt" braucht also keine umfangreiche Erklärung.

Die dritte Frage, die ich mir stelle, lautet:

Würde ich Aktien dieses Unternehmens vererben wollen?

Auch diese Frage klingt vielleicht zunächst unerwartet. Wenn du gerade zu investieren beginnst, ist wohl das Letzte, womit du dich beschäftigst, die Frage, ob deine Kinder diese oder jene Aktie in deinem Depot gut finden. Oder nicht? Genau diese Frage solltest du dir aber stellen.

Ich treibe die Sache mal auf die Spitze. Wenn du wählen müsstest, welche der zwei folgenden Produkte in 40 Jahren immer noch auf dem Markt sein werden: Tesla oder Coca Cola? Welche der zwei wählst du?

Bei Coca Cola bin ich mir ziemlich sicher, dass es dieses Getränk noch immer geben wird. Bei Tesla bin ich mir ehrlich gesagt nicht so sicher.

Die Frage hat auch mit Wahrscheinlichkeit zu tun. Der bekannte Autor des Buches „Der schwarze Schwan", Nicolas Taleb, macht uns im Folgebuch „Antifragilität" auf den *Lindy-Effekt* aufmerksam. Dieser Effekt beschreibt – einfach gesagt – dass die Wahrscheinlichkeit, dass ein Produkt, das bereits hundert Jahre existiert, in den nächsten hundert Jahren immer noch existieren wird, viel höher ist als bei einem Produkt, das erst seit fünfzehn Jahren auf dem Markt ist.

Wird es das iPhone in hundert Jahren immer noch geben? Ich würde mir den Kopf nicht darauf verwetten wollen, ehrlich gesagt. Aber ich kann mir durchaus vorstellen, dass es in hundert Jahren immer noch Fahrräder geben wird, in welcher Form auch immer.

Wie du siehst, ist es eigentlich nicht so schwer. In dem Sinne würde ich als Einkommensinvestor auf Unternehmen mit einem langfristigen Geschäftsmodell setzen. Ich favorisiere zum Beispiel Unternehmen, die darin spezialisiert sind, die Infrastruktur bereit zu stellen, damit in jedem Haushalt Leitungswasser verfügbar ist. Ein Unternehmen, das gerade eine App entwickelt hat, mit der man auf einfache Art ein Taxi bestellen kann (wie praktisch und genial diese Idee auch sein mag), nehme ich lieber nicht ins Depot.

In dem Sinne erscheint die Frage, welche Aktien du auch vererben würdest, gar nicht so abwegig. Du willst ja schließlich auch in dreißig Jahren von den Dividenden profitieren, für die du so hart gespart hast, oder?

Last but not least, die vierte und letzte Frage:

Schüttet dieses Unternehmen eine Dividende aus, die attraktiv genug ist für mich?

Auch diese Frage, die nicht von ungefähr an letzter Stelle kommt, scheint ein No-Brainer zu sein. Natürlich will ich eine attraktive Dividende, wenn ich Aktien kaufe. Deswegen kaufe ich sie ja gerade.

Ohne Zweifel ist Amazon ein tolles Unternehmen. Leider zahlt es keine Dividenden, weil es nun mal die Philosophie von dessen Gründer Jeff Bezos ist, jeden Dollar Gewinn in neue Geschäftsfelder zu investieren. Vielleicht wird sich das eines Tages ändern. Aber solange Amazon keine Dividenden zahlt (Stand April

2020), kommt Amazon eben nicht auf meine Watchlist. Ich denke, das spricht für sich.

Ich habe das Thema im Kapitel über „Hohe Dividenden oder Dividendenwachstum" bereits behandelt. Aber es ist gut, es an dieser Stelle noch einmal zu wiederholen. Eine „attraktive Dividende" ist für einen Zwanzigjährigen definitiv etwas anders als für einen Fünfzigjährigen. Je mehr Zeit du zur Verfügung hast, desto mehr solltest du auf das *Wachstum* der Dividendenrendite setzen. Es macht also für einen Zwanzigjährigen durchaus Sinn, Aktien von Facebook zu kaufen, die heute eine Dividendenrendite von 2 % aufweisen (Stand März 2020). Vorausgesetzt, du gehst davon aus, Facebook wird seine Dividende in den kommenden zehn bis zwanzig Jahren bedeutend steigern und hat auch die Mittel dazu.

Bist du bereits in deinen Fünfzigern, würde ich eher nach Aktien Ausschau halten, die eine höhere Dividende ausschütten. Eine Rendite von 4 % ist da schon das Mindeste, was du erwarten solltest, und zwar nur dann, wenn die Dividendenrendite stabil ist und regelmäßig angehoben wird.

Besser, du findest Aktien mit einer Dividendenrendite von 5 % oder gar mehr. Für dich ist die „Zeit" zu kurz, damit du entsprechend vom Zinseszinseffekt eines starken Dividendenwachstums profitieren kannst. Du musst also eine andere Variable erhöhen, und das wäre entweder die Sparrate oder eine höhere Dividende.

Mit einer attraktiven Dividende meine ich auch, dass die Unternehmen, die in Betracht kommen, ihre Dividenden in den letzten zehn Jahren kontinuierlich erhöht haben (am besten auch während der Finanzkrise 2008). Ich bevorzuge also Unternehmen mit einer langen Dividendenhistorie.

Wenn ich eine Ausnahme mache, dann kannst du dir sicher sein, dass ich das Unternehmen gründlich analysieren werde und genügend Gründe finden will, weshalb ich die Aktie trotzdem kaufe.

3. Welche Aktien kauft Warren Buffett?

Warren Buffett hat in der Investment-Community fast den Status eines Heiligen. Was Buffett kauft oder sagt, ist für Millionen Anleger weltweit das Maß aller Dinge. Nun, so weit würde ich nicht gehen. Verstehe mich nicht falsch. Was Buffett erreicht hat, ist ungesehen. Du solltest deswegen aber nicht eins zu eins nachahmen, was er kauft. Man kann aber eine Menge von Buffet lernen. Deswegen eine kleine Hilfestellung aus dem Hause Buffet, damit du schneller lernst, worum es beim Einkommensinvestieren geht.

Um ein Unternehmen zu beurteilen, hat Buffett einmal folgendes Beispiel gegeben. Gesetzt, du würdest einen Bauernhof kaufen wollen. Wie würdest du den Kauf eines Bauernhofes angehen? Würdest du eher versuchen herauszufinden, was jemand anderer dir später dafür bezahlen würde? Oder würdest du dich eher damit beschäftigen, wie viele Hektar der Hof hat, welche Art von Einnahmen du pro Hektar produzieren könntest, wie hoch deine Kosten sein werden und wie hoch der daraus resultierende freie Cashflow des Hofes sein wird?

Ich hoffe, du hast erraten, dass Buffett sich für die zweite Frage interessiert. Und dieser Grundsatz gilt für ihn bei jedem Investment, das er eingeht, egal ob es sich um einen Bauernhof oder um ein anderes Unternehmen handelt.

Nun gibt es eine Menge Unternehmen an der Börse, bei denen es sehr schwer sein dürfte, herauszufinden, welchen Cashflow du in den nächsten zehn Jahren damit erzeugen kannst. Bei den meisten Unternehmen gibt es schlicht zu viele unbekannte Faktoren, die eine vernünftige Bewertung unmöglich machen. Es dürfte klar sein, dass diese Unternehmen nicht auf Buffets „Watchlist" gelangen, egal ob das Unternehmen „Tesla" heißt oder sonst einen hypen Namen trägt.

Wenn man Buffetts Prozess zur Aktienauswahl beschreiben könnte, müsste man in etwa so vorgehen:

- Filtere aus dem Gesamtuniversum der Unternehmen diejenigen heraus, bei denen du den Cashflow für die nächsten zehn Jahre einigermaßen vernünftig vorhersehen kannst.

- Nimm die Unternehmen von der Liste, die von inkompetenten Managern geführt werden.

- Versuche von der übriggebliebenen Gruppe, den inneren Wert des Unternehmens zu ermitteln.

- Kaufe das Unternehmen, wenn es an der Börse mit einem Abschlag von 50 % gehandelt wird.

Nun ist mir vollkommen klar, dass sich dies zwar „einfach" anhört, in der Realität aber nicht von vielen Anlegern umzusetzen ist. Wie willst du denn beurteilen, ob das Management eines amerikanischen Konzerns „kompetent" ist oder nicht? Und wie willst du den „inneren" Wert eines Unternehmens ermitteln?

Das ist auch der Grund, weshalb ich Buffetts Kriterien nicht folge. Ich bin schlicht dazu nicht in der Lage.

Trotzdem macht es durchaus Sinn, sich mal mit dem Portfolio von Buffett zu beschäftigen, und sei es, weil man immer von ihm lernen kann. Ich empfehle aber keineswegs, genau das zu kaufen, was Buffett kauft, wie es manche tun. Du verfügst nicht über die Ressourcen, über die Buffet verfügt. Und die finanziellen Mittel, um dich wie er in Unternehmen einzukaufen, hast du schon gar nicht.

Das Entscheidende, was man von Buffet lernen kann, ist wohl der gesunde Menschenverstand beim Investieren. Kaufe das, was du verstehst und kaufe dann, wenn die Aktien dieses Unternehmens an der Börse mit einem ordentlichen Abschlag gehandelt werden. Mehr muss man eigentlich dazu nicht sagen. Buffet kauft die besten Unternehmen der Welt, wenn sie gerade billig sind. Und genauso sollst du es auch tun.

4. Warum ich amerikanische Aktien bevorzuge

Selbstverständlich gibt es in Europa, Asien oder auch Südamerika hervorragende Dividendenzahler. Wenn du eine Aktie aus diesen Weltteilen findest, die dir gefällt, dann spricht natürlich nichts dagegen, sie im Depot zu haben. Der Grund, weshalb ich vor allem nordamerikanische Aktien (also US-Aktien und kanadische Aktien) bevorzuge, liegt an der freundlichen Aktienkultur dieser Länder.

In den Vereinigten Staaten sind Aktien eine selbstverständliche Anlage für die Altersvorsorge und werden sogar vom Staat gefördert. Die Einstellung Aktien gegenüber ist in den USA einfach viel freundlicher als hierzulande. Kein Wunder, dass prozentual gesehen viel mehr Amerikaner Aktien besitzen als zum Beispiel Deutsche. Die sogenannte *Aktionärsquote* lag in Deutschland 2017 gerade mal bei 7,7 %. Rechnet man die Fonds hinzu, kommt man auf eine Quote von 15,7 %. Das bedeutet, dass 84 % der Deutschen keine Aktien haben. Allerdings war die Aktienquote 2019 bereits auf 12,5 % gestiegen. Unglücklicherweise gehen die Deutschen gerade dann in Aktien, wenn die Börse hoch steht.

Ich bevorzuge auch deshalb US-amerikanische Aktien, weil viele von ihnen eine viel längere und robustere Dividendenhistorie haben. Außerdem sind viele Unternehmen in den USA in Bezug auf die fundamentalen Daten deutlich attraktiver als die meisten europäischen Aktien. Die Politik, egal ob demokratisch oder republikanisch gefärbt, steht aktiv hinter den Unternehmen und fördert sie nach Kräften. Etwas, was man von Politikern hierzulande nicht unbedingt immer sagen kann …

Zudem gibt es schlicht viel mehr Dividendenzahler in den USA als in Europa. Die Auswahl reicht wirklich aus, um sich ein differenziertes Portfolio aufzubauen.

Es gibt aber noch einen anderen wichtigen Grund, weshalb ich für eine Dividendenstrategie mehr auf amerikanische statt auf europäische Aktien setze. Die Corona-Krise hat uns dies wieder mal eindeutig vor Augen geführt. In Deutschland schlägt der Vorstand die Höhe der Dividende vor und diese wird dann von der Hauptversammlung mit einfacher Mehrheit beschlossen. Während der Coronavirus-Krise wurden sämtliche für April oder Mai vorgesehene Hauptversammlungen abgesagt. Manche Unternehmen nahmen dies zum Anlass, die Dividende zu kürzen oder gar auszusetzen. Außerdem forderte die EZB die Banken auf, auf die Ausschüttungen zu verzichten. Frankreich verbot sogar die Zahlung von Dividenden für Unternehmen, die wegen der Coronavirus-Krise irgendeine Form staatlicher Unterstützung bekommen würden.

In den USA wird in jedem Quartal die Höhe der Dividende vom Vorstand eines Unternehmens genehmigt. Selbst wenn sie auf Grund von außergewöhnlichen Umständen einmal ausgesetzt würde, dann könnte der Anleger zumindest darauf hoffen, dass sie im nächsten Quartal gezahlt wird.

Die meisten Anleger von europäischen Aktien müssten dann eben ein Jahr warten bis zur nächsten Hauptversammlung. Unnötig zu sagen, dass dies für einen Einkommensinvestor keine guten Nachrichten sind.

Bei all der Begeisterung für die US-amerikanischen Aktien sollte man trotzdem nicht die Risiken verschweigen. Wenn du amerikanische Aktien hältst und aus ihnen Dividenden beziehst, wirst du natürlich in Dollar ausgezahlt. Das bedeutet, dass du immer einem gewissen Währungsrisiko ausgesetzt bist.

Ist der Dollar stark, bekommst du weniger Euro für deine US-Dividenden und umgekehrt. Meine Erfahrung ist aber, dass sich die Währungsschwankungen im Laufe der Zeit ausgleichen. Mal profitierst du vom Dollar und mal nicht.

Du solltest natürlich keine amerikanischen Aktien kaufen, wenn du nicht an die Stärke der amerikanischen

Wirtschaft glaubst. Und sie ist noch immer die Stärkste der Welt, egal was manche behaupten. Auch China ist noch längst nicht da, wo die Amerikaner heute stehen. Sollte sich dies eines Tages ändern, werde ich meine Konzentration auf US-amerikanische Aktien überprüfen müssen. Aber solange die Musik in den USA spielt, spiele ich mit.

5. Wer sind die Dividendenkönige?

Die Dividendenkönige sind die Besten der Besten in Bezug auf die Langlebigkeit von Dividenden. Ein Dividendenkönig ist eine Aktie, dessen Dividende in fünfzig oder mehr aufeinanderfolgenden Jahren gestiegen ist. Das ist keine geringe Leistung, wenn man bedenkt, was in fünfzig Jahren alles passieren kann. Diese Unternehmen haben Perioden von Inflation und Deflation überlebt. Sie haben den Crash von 1987 mitgemacht, die Dotcom-Blase, die Finanzkrise. Und sie haben ihre Dividenden trotz allem weitergezahlt und sogar von Jahr zu Jahr erhöht!

Derzeit gibt es in den USA 30 Dividendenkönige (Stand März 2020). Du wirst sicher in dieser Liste geeignete Kandidaten für dein Depot finden. Du solltest natürlich nicht blind die Liste kaufen. Manche dieser Unternehmen können zu teuer bewertet sein. Trotzdem bin ich sicher, dass fast jeder Einkommensinvestor einige der Dividendenkönige im Depot hat. Die Liste ist also ein guter Start, um dein Depot aufzubauen.

Es gibt auch beeindruckende Zahlen, die für die Dividendenkönige sprechen. Eine Investition von 100.000 Dollar in den S&P 500-Index im Jahr 1991 wäre bei einer durchschnittlichen jährlichen Wachstumsrate von 10,2 % bis Ende 2017 auf fast 1,4 Millionen Dollar angewachsen. Im Vergleich dazu wäre die gleiche Investition in den aktuellen Dividendenkönigen auf etwa 3,2 Millionen Dollar gestiegen, was einer jährlichen Rendite von 13,8 % entspräche.

Eine jährliche Rendite von 13,8 % im heutigen zinslosen Umfeld? Jawohl. Grund genug sich damit zu beschäftigen, finde ich.

Wenn du dich mit den Dividendenkönigen beschäftigst, wirst du auch dem Begriff *Dividendenaristokraten* begegnen. Das ist eine Liste von Aktien, die 25 Jahre oder mehr aufeinanderfolgend ihre Dividende erhöht haben und auf der Liste des bekannten Index S&P 500 stehen.

Nun, fünfundzwanzig Jahre finde ich genauso beeindruckend. Deswegen macht es Sinn, sich auch die Liste der Dividendenaristokraten anzuschauen. Es lässt sich hier genauso die eine oder andere Dividendenperle finden. Kein König, aber auf den Weg dahin.

Bei aller Begeisterung für diese Leistungen solltest du nicht auf gut Glück einen König oder einen Aristokraten kaufen, nur weil er dir gefällt. Wenn diese Aktien auch eine lange Dividendenhistorie aufweisen können, ist dies noch lange keine Garantie, dass sie dies in Zukunft genauso machen werden. Hin und wieder fliegt auch mal eine Aktie von der Liste, weil das Unternehmen sein Versprechen auf einmal nicht mehr halten konnte.

Wenn du deine Recherche anstellst, solltest du schon darauf achten, dass das Unternehmen nicht auf Grund einer Krise in eine Schieflage geraten ist und möglicherweise ihre Dividende wird kürzen müssen. Manchmal wirst du genau aus dem Grund eine Aktie, die du bereits hältst, verkaufen müssen. Du bist zwar ein langfristig orientierter Anleger, das heißt aber noch lange nicht, dass du kein wachsames Auge auf dein Depot haben solltest.

6. Wie macht man ein Brokerkonto auf?

Wenn du noch nie eine Aktie gekauft hast, fühlst du dich vielleicht etwas überwältigt und weißt nicht so recht, wie du anfangen sollst. Zunächst brauchst du ein Brokerkonto. Das ist im Grunde genau dasselbe wie ein Girokonto mit dem Unterschied, das in ihm kein Geld, sondern Aktien gelagert oder besser verwaltet werden.

Dieses Depot könntest du im Prinzip bei deiner Hausbank eröffnen. Ich rate dir aber eher davon ab, weil du dort für den Kauf (und Verkauf) von Aktien in der Regel hohe Gebühren zahlen wirst. Zwar ist auch hier in den letzten Jahren viel passiert, dennoch erscheint es mir klug, dich für einen *Online-Broker* zu entscheiden. Am besten vergleichst du die Preis-Leistungsverzeichnisse der Anbieter. Dazu gibt es mehrere spezialisierte Webseiten im Internet, die dies bereits für dich getan haben. Sie sind einfach zu googeln.

Online-Broker betreiben im Gegensatz zu deiner Hausbank keine Filialen. Sie existieren sozusagen nur im Internet, aber keine Sorge, in der Regel kannst du dort genauso anrufen, wenn du eine Frage hast. Die

Online-Broker haben also meist nur eine Webseite, in die du dich einloggen kannst, um Zugriff auf dein Depot zu bekommen.

Sobald du das Konto bei deinem Broker eröffnet und das Geld eingezahlt hast, kann es im Prinzip schon losgehen. Die meisten Broker in Deutschland, Österreich oder der Schweiz ermöglichen dir den Zugang zum amerikanischen Markt. Das bedeutet, dass du mit wenigen Klicks Aktien an einer amerikanischen Börse kaufen kannst.

In Bezug auf die Dividende brauchst du im Grunde nichts zu tun. Sobald die Aktien eines bestimmten Unternehmens im Depot gelagert sind, wirst du sehen, dass die Dividende nach dem Stichtag deinem Konto gutgeschrieben wird. Bei jeder Dividendenzahlung wird sich also dein Cashbestand vermehren.

Alle guten Online-Broker verfügen über eine Brokerlizenz, die meist (wenn sie in Deutschland Geschäfte machen) bei der *BaFin* registriert ist.

Die Bundesanstalt für Finanzdienstleistungsaufsicht (BaFin) beaufsichtigt und kontrolliert alle Bereiche des Finanzwesens in Deutschland. Zudem gehört es zu ihren Aufgaben, die Verbraucher bezüglich aller Finanzprodukte und Finanzdienstleistungen zu schützen.

Auch die ausländischen Online-Broker, die auf dem deutschen Markt tätig sind, haben meist eine Lizenz der BaFin. Die Frage, ob der Broker eine Lizenz hat, ist nun nicht gerade unwichtig. Leider tauchen gerade im Internet immer wieder schwarze Schafe auf, die es doch mal wieder ohne Lizenz versuchen. Wenn du ganz sicher sein willst, reicht es, wenn du in der Datenbank der BaFin nachschaust, ob der Broker aufgelistet ist. Du findest diese auf der Webseite der BaFin: <u>www.bafin.de</u>

Ich würde mir für die Auswahl eines geeigneten Brokers auch etwas Zeit nehmen. Schließlich ist er das Tor, durch das du Zugang zur Welt der Aktien bekommst. Und du legst dein Depot bei ihm an. Du willst daher auch wissen, ob dein Geld bei ihm sicher ist.

Genau genommen liegt dein Geld gar nicht bei deinem Broker, sondern bei einer renommierten Bank. Das Konto, auf das du dein Startkapital zum Kauf von Aktien überweisen wirst, ist und soll vom Firmenvermögen deines Brokers getrennt sein. Man nennt dieses Konto deshalb auch ein *segregiertes Konto*. Überprüfe, ob dies bei deinem Broker auch tatsächlich so ist.

Wenn du noch gar keine Erfahrung mit Online-Brokern hast, lohnt es sich, einen Blick auf Webseiten zu werfen, die einen „Broker-Vergleich" durchführen. Diese Webseiten überprüfen die Broker auf Sicherheit, Qualität des Service, Gebührenstruktur und Mindesteinlage.

Es gibt Broker wie *Interactivebrokers*, die zum Beispiel eine Mindesteinlage von $ 10.000 verlangen, um ein Konto bei ihnen eröffnen zu können. Dafür bekommst du dann Zugang zu sämtlichen Weltmärkten. Andere Broker wie *Degiro* verlangen gar keine Mindesteinlage. Das Design der Handelsplattform bei Degiro ist demnach auch etwas schlichter gehalten. Und die Plattform hat viel weniger Funktionen wie das von Interactivebrokers.

Auf folgende Kriterien solltest du achten, wenn du einen geeigneten Broker für ein Dividendendepot suchst:

- Kostenlose Depotführung
- Gebührenfreie Dividendenauszahlung
- Kein negativer Einlagenzins
- Handel an allen US- und deutschen, österreichischen und schweizerischen Börsen
- Deutsche (österreichische oder schweizerische) Einlagensicherung
- Kosten pro Order

Gerade die Kostenstruktur ist natürlich wichtig, vor allem dann, wenn du über wenig Startkapital verfügst. Der „App Broker" *Trade Republic* zum Beispiel verlangt lediglich ein Euro pro Transaktion, während zum Beispiel DKB Broker aktuell zehn Euro Transaktionskosten verlangt. Dafür gibt es dann auch bei **DKB** Broker 24/7 Kundenservice, während der Kundenservice bei Trade Republic gar nicht existiert. Es braucht nicht zu wundern, dass Trade Republic vor allem von jungen Kunden genutzt wird. Man kann bei diesem „ersten provisionsfreien Broker Deutschlands" durchaus ein Dividendenportfolio führen. Die Transaktionskosten von einem Euro sind im Übrigen eine Fremdkostenpauschale.

Ich gehe davon aus, dass in den kommenden Jahren weitere provisionsfreie Broker auf den Markt kommen werden. Damit würde Europa eine Tendenz nachvollziehen, die bereits in den USA eine Weile im Gange ist. Viele traditionelle Broker haben bereits nachgezogen und bieten Aktienhandel zum Nulltarif an.

Eine weitere spannende Entwicklung in den USA sind *Fractional Shares*. Bis jetzt war die kleinste Einheit, die du als Anleger kaufen kannst, *eine* Aktie. Die Digitalisierung macht es nun möglich, dass du in Zukunft auch eine halbe Aktie oder auch noch viel kleinere Einheiten wirst kaufen können. Macht das Sinn, fragst du dich vielleicht?

Ich denke schon. Nehmen wir an, du bist ein junger Student und willst Aktien von Siemens (SIE) kaufen. Wenn der Aktienkurs bei 75 Euro steht und du hast nur 30 Euro zum Investieren, könntest du zum Beispiel 1/3 Aktie von Siemens kaufen. Du würdest dann 25

Euro in Siemens investieren, obwohl eine Aktie drei Mal so teuer ist.

Fractional Shares sind auch interessant für Dividendenreinvestitionspläne (DRIPs), die es hierzulande leider kaum gibt. Nehmen wir an, du hättest 1/3 Aktie von Siemens gekauft und erhältst deine erste Dividende. Diese ist aktuell 3,95 Euro. Der Einfachheit halber lasse ich die Steuer mal raus aus der Berechnung. Du bekämst also 1/3 von 3,95 oder 1,31 Euro. Mit einem DRIP-Programm entscheidest du, die Dividende gleich wieder in Aktien von Siemens zu investieren. Das Programm kauft also für 1,31 Euro Siemens-Aktien oder zum Kurs von 75 Euro wäre dies 1/74 der Aktie.

Das mag manchen als Haarspalterei vorkommen, ist es aber auf längerer Sicht nicht, wenn du das Kapitel über den Zinseszins verstanden hast. Denn gerade für junge Leute mit wenig Geld wird das Dividenden-Investieren ab jetzt total interessant, selbst wenn sie vielleicht nur kleine Beträge wie zum Beispiel 20 Euro im Monat investieren können.

Nehmen wir an, ein 15-Jähriger würde heute auf dieser Weise seine Anleger-Karriere beginnen. Er schafft es, monatlich 20 Euro zu sparen und dank Fractional Sharing in Dividendenaktien anzulegen. Nehmen wir an, er würde diese Summe im Leben nie erhöhen, also selbst wenn er berufstätig wäre, würde er jeden Monat nur 20 Euro investieren. Wie groß wäre sein Aktienvermögen beim Erreichen seines 65. Lebensjahres?

Antwort: 346.487 Euro. Das ist keine unbedeutende Summe. Er hätte insgesamt 12.000 Euro gespart und investiert. Die Zinsen und Zinseszinsen belaufen sich also auf 334.487 Euro. Anders gesagt: 96,54 % seines Vermögens wären durch Zinsen erwirtschaftet. Für die Berechnung bin ich von einem durchschnittlichen jährlichen Wachstum des Aktiendepots von 10 % ausgegangen. Darin sind erhalten 7 % jährliches Wachstum im S&P 500, Dividenden von 3 % und DRIP, also sofortiges Reinvestieren von Dividendenzahlungen. Wir gehen auch davon aus, dass der Anleger jeden Monat kauft, egal wie hoch oder tief die Börse steht.

Im Übrigen läge das Vermögen unseres tapferen Anlegers bereits über 1,5 Millionen, wären seine Eltern so schlau gewesen, diese 20 Euro am Tag seiner Geburt für ihn zu investieren, aber das nur nebenher. Es ist ja bekanntlich die Schuld deiner Großmutter, dass du nicht reich bist.

Wie du nun hoffentlich einsiehst, ist es überhaupt nicht unbedeutend, wenn junge Menschen bereits in frühen Jahren auch mit Minisummen zu investieren beginnen. Es ist sogar sehr bedeutend. Erstens lernen sie zu investieren und dürfen mit ihren Minisummen alle Fehler der Welt machen. Je schneller du alle Fehler machst, desto schneller wirst du lernen. Zweitens habe ich mit den Geschichten von Grace Groner, Donald Read und Anne Scheiber zeigen wollen, wie wichtig die Länge der Investitionszeit ist. Je länger, desto stärker kann der Zinseszins-Effekt greifen.

Gerade deswegen sollte man gespannt sein, wann die ersten Broker „Fractional Sharing" kombiniert mit kommissionsfreiem Handel auch in Europa anbieten. Denn ab diesem Moment gibt es für niemand mehr eine Entschuldigung, weshalb man aufs Investieren verzichten sollte. Die meisten von uns (90 % der Bevölkerung) können es sich sowieso nicht leisten, *nicht* zu investieren.

Bezüglich der Kontoeröffnung geschieht dies bei vielen Brokern bereits zu 100 % online. Allerdings nicht immer. Informiere dich also. Wenn dein Broker die Unterlagen postalisch verlangt, kann es schon mal zehn Tage dauern, bis dein Konto aktiv ist. Der nächste Schritt ist dann, dass du dein Startkapital auf das Referenzkonto deines Brokers überweist. Sobald es dort angekommen ist, kann es losgehen.

7. Was ist die Wertpapierkennnummer?

Damit du schnell die Aktie in der Liste von weltweit Tausenden Aktien finden kannst, reicht es meist, das sogenannte Aktienkürzel einzugeben. Das Kürzel der Siemens-Aktie ist zum Beispiel SIE. Münchener Rück: MUV2. Daimler: DAI. BASF: BAS.

Außerdem hat jede Aktie in Deutschland eine Wertpapierkennnummer (WKN). Die Siemens AG hat zum Beispiel die WKN 723610.

Allerdings hat sich international immer mehr die Internationale Wertpapierkennnummer ISIN durchgesetzt (englisch: International Securities Identification Number). Es ist eine zwölfstellige Buchstaben-Zahlen-Kombination und dient dazu, Wertpapiere, die an der Börse gehandelt werden, zu identifizieren. Die ISIN der Siemens AG: DE0007236101.

In den Vereinigten Staaten sind aber nach wie vor die Ticker-Symbole der Aktienunternehmen gebräuchlich. Irgendwann kennst du die wichtigsten. Jeder an der Börse weiß zum Beispiel, dass AAPL für Apple steht oder MFST für Microsoft.

8. Welche Dividendenaktien sollte ich nun kaufen?

Es gibt eine einfache Formel, um sich ein Bild zu machen, ob ein Unternehmen ein guter Kandidat für dein Depot darstellt oder nicht. Du solltest dich eher von langfristigen Erwägungen leiten lassen als von kurzfristigen. Ein Unternehmen kann im Augenblick eine hohe Dividende zahlen, aber dennoch kein geeigneter Kandidat sein.

Dividenden werden aus dem Cashflow des Unternehmens gezahlt. Wird die aktuelle Dividende zum Beispiel gar nicht aus den eigenen liquiden Mitteln gezahlt, sondern zum Beispiel aus einem Darlehen, dann stellt dies für mich schon ein Warnzeichen dar. Es macht daher Sinn, sich die Entwicklung des Cashflows eines Unternehmens anzuschauen. Es reicht dazu, die fundamentalen Kennzeichen eines Unternehmens auf einen der vielen Finanzseiten im Internet aufzurufen. Da findest du in der Regel alles sauber aufgelistet: Dividendenhistorie, Gewinnentwicklung und Cashflow.

Was tun, wenn du dich nicht mit den Fundamentalzahlen auseinandersetzen willst? Manche Leser sind vielleicht in der Lage, eine Bilanz zu lesen. Sie haben entweder die Ausbildung, die sie in die Lage versetzt, die verfügbaren Zahlen zu interpretieren und auf deren Basis eine Investitionsentscheidung zu treffen.

Die Mehrheit der Anleger ist dazu nicht in der Lage und hat auch nicht die Zeit (und meist auch keine Lust), sich mit diesen Themen auseinanderzusetzen.

Und Hand aufs Herz, wenn du lediglich 1.000 Euro in die Aktien eines Unternehmens investieren willst oder kannst, macht es in meinen Augen wenig Sinn, wochenlange Analysen zu lesen oder die Bilanz zu studieren. Die Frage ist ohnehin, ob du in der Lage wärst, aus den Zahlen etwas anderes herauszulesen, als ganze Armeen an Analysten vor dir nicht schon längst getan hätten. Glaubst du wirklich, etwas über Apple, McDonalds oder Nestle in Erfahrung zu bringen, was die Analysten der Großbanken übersehen hätten? Ich glaube kaum.

In meinen Augen reicht es, einige gute Analysen über die Aktie zu lesen (und hoffentlich auch zu verstehen, denn du solltest nur das kaufen, was du verstehst). Du kannst dir dann vielleicht die Meinung einiger Dividendenblogger anschauen und miteinander vergleichen, aber zu viel Zeit solltest du damit nicht verbringen.

Solange du nur kleine Summen investierst und deine monatliche Sparrate 100 oder 200 Euro beträgt, solltest du deine Zeit und deine Energie eher dazu verwenden, wie du deine Sparrate erhöhen kannst. Das ist in meinen Augen viel wichtiger als ganze Wochenenden damit zu verbringen, dir zu überlegen, in welche Aktie du deine nächsten 200 Euro investieren sollst.

Und Hand aufs Herz: so groß ist die Auswahl der potentiellen Kandidaten nun auch wieder nicht. Schau dir die Depots der meisten Dividendeninvestoren und Blogger an. Im Grunde investieren alle in die gleichen Aktien. Ob es nun in eine der Dividendenaristokraten oder Dividendenkönige ist, die Liste ist nicht unendlich lang.

Es gibt also überhaupt keinen Grund, weshalb du in eine völlige unbekannte peruanische Aktiengesellschaft investieren sollst, von der hierzulande nie jemand gehört hat. Wenn du am Anfang deiner Karriere als Einkommensinvestor stehst, ist es in meinen Augen besser, du hältst dich an die Coca Colas, die McDonalds, die Siemens und Nestlés dieser Welt. Das sind alles Unternehmen, von denen jeder weiß, was sie machen und die bewährte Dividendenhistorien haben. Mache also erst Erfahrung mit den bewährten Kandidaten. Später, wenn du mehr Erfahrung hast, kannst du immer noch „unentdeckte Perlen" ins Depot legen.

Ich bezweifle allerdings, ob dies nötig ist. Schau dir noch einmal die wichtigsten Aktienpositionen von Anne Scheiber und Donald Read an. Diese Leute kauften das, was sie kannten. Und sie kauften immer mehr davon, je mehr Dividenden sie von diesen Unternehmen ausgeschüttet bekamen. Das ist die bewährte Methode. Versuche also nicht, das Rad neu zu erfinden.

Solltest du eines Tages bedeutende Summen in einer Aktie aufgebaut haben, wirst du dich sicher mehr mit ihr beschäftigen. Einkommensinvestieren ist ein Marathon. Kein Sprint. Es ist etwas, in das du nach und nach hineinwächst. Du befindest dich auf einer Reise, die Jahre und womöglich Jahrzehnte dauern wird. Es gibt also keinen Grund, sich zu beeilen und gleich dein ganzes Geld am ersten Tag zu investieren.

Oft ist es sogar besser, etwas zu warten. Manche Einkommensinvestoren warten mitunter Jahre, bis die Chance kommt, endlich Aktien eines bestimmten Unternehmens zu kaufen. Gerade in den Jahren 2015 bis 2019, in denen die amerikanischen Aktien unentwegt stiegen, wurde es immer schwieriger, geeignete Kandidaten zu finden. Die meisten guten Dividendenzahler waren so teuer geworden, dass es immer schwerer wurde, geeignete Aktien finden. Aber als im Zuge der Coronavirus-Krise manche dieser Dividendenzahler plötzlich 40, 50 % und noch tiefer standen, gab es plötzlich mehr Chancen als man kaufen konnte. Denke also daran: In dem Augenblick, wo die Medien den größten Crash aller Zeiten ausrufen, findest du am Aktienmarkt genau die Chancen, auf die du mitunter Jahre gewartet hast.

9. Wie funktioniert die Dollar Cost Average Methode?

Dollar Cost Averaging (auf Deutsch: Durchschnittskosteneffekt) ist eine beliebte Strategie zum Aufbau von Anlagepositionen im Laufe der Zeit. Bei dieser Methode investierst du in regelmäßigen Zeitabständen gleiche Dollarbeträge in den Markt. Bei hohen Kursen wirst du also weniger Aktien kaufen können, bei niedrigen Kursen entsprechend mehr.

Bild 5: Kauf einer Aktienposition durch Dollar Cost Averaging

Kauf	investierter Betrag	Aktienkurs	Anzahl gekaufte Aktien
1	$ 1,000	$ 100	10
2	$ 1,000	$ 80	12
3	$ 1,000	$ 60	16
4	$ 1,000	$ 40	25
5	$ 1,000	$ 20	50
Total	$ 5,000	$ 44,25	113

Schau dir dieses hypothetische Beispiel in der Tabelle oben an. Nehmen wir an, ich würde eine Position in Höhe von $ 5.000 in einer bestimmten Aktie aufbauen wollen. Statt nun die gesamte Summe auf einmal zu investieren, kaufe ich „gestaffelt". Und natürlich kaufe ich am besten dann, wenn der Kurs der Aktie fällt.

In unserem hypothetischen Fall hätte ich die erste Position zu einem Kurs von $ 100 gekauft. Da ich beim ersten Kauf $ 1.000 investieren will, kann ich also zehn Aktien kaufen. Nehmen wir an, die Aktie steht drei Monate später bei $ 80. Wenn ich erneut $ 1.000 investieren will, kann ich dank des günstigeren Kurses jetzt zwölf Aktien kaufen.

Ich kaufe mich immer weiter in die Aktie ein, bis meine Position vollständig ist. Wie du siehst, habe ich zu unterschiedlichen Kursen gekauft. Mal zu einem sehr hohen Kurs ($ 100), mal zu einem sehr günstigen Kurs ($ 20). Am Ende habe ich insgesamt 113 Aktien erworben. Hätte ich meine $ 5.000 auf einmal zu einem Kurs von $ 100 investiert, so hätte ich lediglich 50 Aktien bekommen!

Nun könnte man argumentieren, dass es besser gewesen wäre, zu warten, bis der Kurs auf $ 20 gefallen war. Ich hätte dann mit meinem $ 5.000 immerhin 250 Aktien kaufen können.

Leider hast du das Problem an der Börse, dass du nicht weißt, ob und wann deine Aktie auf $ 20 fallen wird, es sei denn, du verfügst über eine Glaskugel.

Da ich über keine Glaskugel verfüge, verfahre ich in meinen Aktienkäufen nach dieser gestaffelten Methode. Im Grunde freue ich mich, wenn der Kurs meiner Aktien fällt, denn dann kann ich meine Position aufstocken und mehr kaufen, genauso wie im obigen hypothetischen Beispiel.

Im Übrigen habe ich sogar günstiger eingekauft als das arithmetische Mittel der fünf Käufe. Wenn du die fünf Kaufpreise addierst und dann durch fünf teilst, kommst du auf ein arithmetisches Mittel von $ 60 pro Aktie. Faktisch habe ich im Schnitt aber nur $ 44,25 pro Aktie bezahlt, um meine Gesamtposition zu erwerben. Das rührt natürlich daher, dass ich zu günstigeren Kursen *mehr* Aktien kaufen kann als zu hohen Kursen. Das ist nun gerade das Schöne an dieser Methode, weshalb ich sie hiermit empfehle.

Mache also nicht den Fehler (oft aus Ungeduld!), auf einmal dein ganzes Geld in eine bestimmte Aktie zu investieren, nur weil du sie unbedingt in deinem Portfolio haben willst. Ungeduld gehört zu den größten Untugenden beim Investieren. Und wie das Beispiel eindeutig zeigt, zahlt sich Geduld wahrhaft aus. Du willst ja auch langfristig Dividenden kassieren.

Außerdem solltest du auch nicht vergessen, dass *der Kurs* einer Aktie zwar fallen kann, dies aber nicht bedeutet, dass die *Höhe der Dividende* ebenfalls fällt. Ganz im Gegenteil. Wir haben bereits gesehen, dass gute Dividendenzahler ihre Dividende auch in Krisenzeiten weiterzahlen und manchmal sogar erhöhen! Die Stärke dieser Methode wird somit deutlich. Fällt der Kurs der Aktie an der Börse, dann kann ich mehr von ihr kaufen und die Dividendenrendite fällt höher aus.

Nehmen wir an, ein Unternehmen würde aktuell $ 3 pro Aktie an Dividenden ausschütten. Kaufst du die Aktie zu $ 100 ein, so bekommst du $ 3 Dividende pro Aktie, die du hältst. Deine Dividendenrendite liegt dann bei 3 %. Fällt deine Aktie auf $ 50 und das Unternehmen zahlt weiterhin $ 3 Dividende pro Aktie, dann steigt die Dividendenrendite auf 6 %. Fällt der Kurs deiner Aktie gar auf $ 20, dann erzielst du eine Dividendenrendite von 15 %.

Anstatt zu versuchen, den Markt zu timen, kaufst du also am besten zu verschiedenen Kursen ein. Ein weiterer Vorteil dieser Strategie ist auch, dass du auf diese Weise über eine disziplinierte Methode für die Durchführung von Investitionen verfügst. Das gilt natürlich insbesondere dann, wenn du regelmäßig einen festen Betrag sparst. Du kannst dann eben mehr Aktien kaufen, wenn der Kurs niedrig ist, und weniger Aktien, wenn der Kurs höher steht.

Bei den günstigsten Broker wie Degiro oder Trade Republic spielen Kommissionen beim Kauf heute kaum noch eine Rolle. Du kannst bei diesen Brokern zur jeder Zeit deine Positionen aufstocken (auch kleinste Einheiten), ohne das die Transaktionskosten zu sehr ins Gewicht fallen. Du kannst das auf regelmäßiger Basis machen, indem du zum Beispiel jeden Monat oder jedes Quartal eine bestimmte Summe investierst. Oder du kannst gerade dann zuschlagen, wenn deine

Aktie auf Grund von außergewöhnlichen Umständen plötzlich viel billiger geworden ist.

Es gibt da nicht richtig oder falsch. Im Laufe der Jahre wirst du merken, dass der Zeitpunkt, an dem du gekauft hast, immer unwichtiger wird. Viel wichtiger dagegen ist, dass du dabei bleibst und regelmäßig investierst.

Diese Methode nimmt auch die Emotionen aus dem Spiel, vor allem dann, wenn die Börse stark korrigiert. Egal was die Ursache sein mag, sobald die Börse ins Straucheln gerät, spielt die Angst mit. Auf einmal reden die Medien wieder über die Börse (in guten Zeiten bekanntlich viel weniger). Die Angst und Panik kann sich dermaßen ausbreiten, dass manche wie das Kaninchen vor der Schlange auf die Kurse schauen. Statt gestaffelt einzusteigen, tun sie nichts und verpassen damit die besten Gelegenheiten.

Wenn du aber regelmäßig bestimmte Beträge investierst, wirst du irgendwann diese Emotionen weniger spüren. Ich sage bewusst „weniger." Denn spüren wirst du sie. Wenn du das noch nicht gemacht hast, verlangt es schon einige Überwindung zuzukaufen, wenn der Kurs einer Aktie, in der du bereits eine Position hast, um 30 % oder mehr gefallen ist. Aber gerade dann solltest du kaufen! Viel einfacher ist es, in einen steigenden Markt hineinzukaufen. Aber gerade dann solltest du eher die Finger stillhalten.

Ich gebe hier gerne zu, dass ich das auch nicht gleich konnte. Ich musste richtig lernen, zuzugreifen, wenn Aktien, in denen ich bereits Positionen hatte, auf einmal mit einem Abschlag von 50 oder 60 % gehandelt wurden. Aber genau das solltest du lernen. In solchen Zeiten legst du die Basis für deine künftige finanzielle Unabhängigkeit.

Als Einkommensinvestor gewinnst du, wenn die Aktien billiger werden! So paradox dies auch klingen mag. Denn wenn der Kurs tief steht, kannst du einfach mehr Aktien kaufen. Mehr Aktien im Depot bedeutet irgendwann mehr Dividenden. Und mehr Dividenden bedeutet, dass du noch mehr Dividenden reinvestieren kannst, wodurch du irgendwann noch mehr Dividenden bekommen wirst. Ich hoffe, du beginnst die Logik, die darin liegt, zu verstehen. Und du beginnst zu begreifen, warum Dividendenaktien eine der besten Methoden ist, um langfristig Vermögen aufzubauen.

10. Was ist ein Plan zur Reinvestition von Dividenden (DRIP)?

DRIP oder Dividends Reinvestment Plan ist ein Instrument, das vor allem nordamerikanische Broker anbieten. Wenn du DRIP für eine bestimmte Aktie in deinem Depot aktivierst, erhältst keine Dividendenausschüttung in Form von Bargeld. Das DRIP-Programm kauft mit den Dividenden automatisch zusätzliche Aktien dieses Unternehmens. Wenn du zum Beispiel DRIP für eine amerikanische Aktie aktiviert hast, wird das Programm am Stichtag zusätzliche Aktien kaufen, und zwar in Höhe der Dividendenzahlung. In der Regel also vier Mal im Jahr.

Auf diese Weise erhöht sich die Anzahl deiner Aktien vier Mal im Jahr automatisch. Erhöht sich nun die Anzahl der Aktien eines bestimmten Unternehmens, wirst du automatisch mehr Dividenden ausgezahlt bekommen. Mehr Dividenden bedeuten dann wiederum, dass das DRIP-Programm noch mehr Aktien kaufen kann und so weiter.

Ich hoffe, du siehst den Vorteil dieses Programms ein. Mit der Zeit „wächst" die Anzahl deiner Aktien automatisch. Deine Position in einer bestimmten Aktie wird somit von Quartal zu Quartal größer. Die regelmäßige Reinvestition und der Faktor Zeit erzeugt somit einen bedeutenden Zinseszinseffekt. Dieser Effekt kommt unabhängig vom Kurs der Aktie zustande und ohne dass du selber zusätzliche Mittel bereitstellst, um in diese Aktie zu investieren.

In den USA gibt es über 1.000 Unternehmen und Fonds, die DRIP-Pläne anbieten. Aber du kannst als Anleger die Dividenden der meisten Unternehmen über deinen Broker automatisch reinvestieren lassen. Zu beachten ist allerdings, dass die meisten europäischen Broker keine DRIP-Pläne anbieten und wenn, dann meist nur für amerikanische Aktien. Wer also mit automatisierten DRIP-Plänen arbeiten will, wird in der Regel einen amerikanischen Broker brauchen. Frage also deinen Broker, ob er DRIP anbietet, bevor du bei ihm ein Konto eröffnest. DRIP-Pläne sind daher vor allem für Anleger interessant, die auf lange Sicht die Mathematik des Zinseszins-Effektes für sich arbeiten lassen wollen.

11. Warum Monatszahler interessant sind

Wenn du nach und nach ein Dividendenportfolio aufbaust, wirst du bald bemerken, dass es Monate gibt, in denen du reichlich Dividenden empfängst und Monate, in denen deine Pipelines weniger üppiger sprudeln. Das hat natürlich damit zu tun, dass die meisten amerikanischen Unternehmen Quartalszahler sind, also alle vier Monate ¼ der Gesamtdividende ausschütten. Liegt der Schwerpunkt in deinem Depot auf März, Juni, September und Dezember, dann sieht es im Februar oder im November eher mau aus. Zum Glück zahlen nicht alle Unternehmen in den gleichen Monaten. Somit ist schon eine gewisse Verteilung über die zwölf Monate gewährleistet.

Für manche Rentner, die zum Teil oder gar ganz auf Dividenden angewiesen sind, ist dies kein unwichtiges Detail. Schließlich sind deine monatlichen Kosten auch sauber über zwölf Monate verteilt. Du kannst deinen Telefonanbieter nicht anrufen und sagen: „Sorry, aber im Februar haben wir keine Dividenden erhalten. Nächsten Monat wieder!"

Deswegen achten erfahrene Einkommensinvestoren darauf, dass die Dividendenausschüttungen einigermaßen über die Monate verteilt sind. Wer tiefe Taschen hat oder regelmäßig große Summen investieren kann, wird es da vielleicht etwas leichter haben. Aber im Grunde kann es jeder schaffen, der ein bisschen auf die Gewichtung achtet.

Eine Möglichkeit, eine gute Monatsverteilung hinzubekommen, ist, einen Teil der Investitionssumme in sogenannte *Monatszahler* anzulegen. Das sind Unternehmen, die *jeden Monat* eine Dividende zahlen. Ja, du liest richtig. So etwas gibt es. Es gibt sogar Anleger, die sich auf genau diese Monatszahler spezialisiert haben, weil sie eben eine monatliche Dividende wünschen oder brauchen.

Und es gibt auch einige wichtige Gründe, weshalb man das tun sollte oder weshalb es in meinen Augen Sinn macht, Monatszahler im Depot zu haben. Abgesehen vom stabilisierenden Effekt der gleichmäßigen Verteilung über alle zwölf Monate ist es ein Fakt, dass eine höhere Frequenz der Zahlung zu schnellerem Wachstum des Depots beiträgt.

Vor allem wenn du Zeit hast und vorerst nicht auf die Dividenden angewiesen bist, kannst du mit Monatszahlern die Dividenden schneller reinvestieren. Je öfter du das machst, desto schneller wächst das Depot. Und da sind Monatszahler, mathematisch gesehen, natürlich sehr willkommen.

Du magst vielleicht denken, dass es doch egal ist, ob du nun einmal im Jahr eine Dividende von 3 $ pro Aktie erhältst oder ob dir diese Summe jeweils zu 1/12 jeden Monat ausgezahlt wird. Ist es nicht. Dein Vermögen wird mit einem monatlichen Dividendenzahler auf lange Sicht schneller wachsen als mit einem Quartalszahler. Je öfter du deine Dividenden reinvestierst, desto mehr Zeit haben sie, sich zu vermehren und zu wachsen. Auf Sicht von zehn oder zwanzig Jahren macht dies einen bedeutenden Unterschied aus. Denn auch hier macht sich irgendwann der Zinseszins-Effekt bemerkbar.

Wenn du startest, merkst du das zunächst nicht. Aber nach sechs Jahren ist die Rendite des Monatszahlers bereits um 50 % höher als die der Quartalszahler. Nach zehn Jahren bereits doppelt so hoch. Und nach nochmal zehn Jahren bekommst du mit einem Monatszahler bereits das Fünffache dessen, was ein Quartalszahler erbringt. Deswegen sind die Monatszahler gerade für junge Leute, die einen langen Investitionshorizont haben, ausgezeichnete Instrumente, um effektiv Vermögen aufzubauen.

Eine gewisse Vorsicht sollte bezüglich der Monatszahler dennoch angebracht sein. Ein Problem der Monatszahler ist, dass sie oft hohe Payout Ratios haben. Das bedeutet, dass die Marge für eventuelle Fehler kleiner ist, vor allem dann, wenn das Unternehmen vorübergehend in einen finanziellen Engpass gerät. Wer sein Depot ausschließlich mit Monatszahlern bestückt, geht durchaus das Risiko ein, dass irgendwann einer oder mehrere von ihnen die Dividende kürzen muss. Wenn die Payout Ratio sehr hoch ist, bedeutet dies, dass das Unternehmen wenig Geld für zukünftiges Wachstum bereithält. Das sollte man als Anleger nicht vergessen.

Ein weiterer Risikofaktor bei Monatszahlern ist die begrenzte Anzahl von Sektoren, in denen diese angesiedelt sind. Typischerweise findest du diesen Typus von Aktien unter den sogenannten REITs (Real Estate Investment Trust). Dies sind Unternehmen, die in Immobilien investieren. Unnötig zu sagen, dass diese Unternehmen in Schwierigkeiten geraten können, wenn mal wieder eine Immobilienkrise am Horizont auftaucht.

Fraglos bilden manche dieser Unternehmen eine attraktive Dividendenrendite. Und sie können einen wichtigen Beitrag zum Aufbau deines Vermögens leisten, wenn du in der Auszahlungsphase deines Depots angekommen bist.

Es scheint mir aber wichtig, auf die Risiken hinzuweisen, die oft verborgen oder von externen Entscheidungen wie Zinsanhebungen der Zentralbanken abhängig sein können.

Bei allem Bedarf an Differenzierung solltest du als Anleger deinen Fokus primär auf die Qualität des Unternehmens legen. Ich selbst versuche, eine gute Mischung zwischen Blue Chips, die quartalsmäßig zahlen, zu halten und differenziere mein Portfolio mit ausgelesenen Monatszahlern. Und ich behalte sie im Auge. Sollte eine von ihnen die Dividende kürzen oder gar für längere Zeit aussetzen, verkaufe ich die Aktie umgehend, ungeachtet Gewinn oder Verlust. Es gibt für einen Einkommensinvestor einfach keinen Grund, Aktien im Depot zu halten, die keine Dividenden (mehr) zahlen.

12. Wie oft sollte ich meine Aktien checken?

Auch wenn du als Einkommensinvestor ein Anleger mit einem sehr langen Zeithorizont bist, so macht es durchaus Sinn, die Aktien in deinem Portfolio von Zeit zu Zeit einer Prüfung zu unterziehen. Vor allem wenn du mehr als zehn Positionen hast (und die hast du relativ schnell), kannst du schnell die Übersicht über die Aktien verlieren, die du hältst.

Es kann durchaus passieren, dass eine oder mehrere Aktien auf den Prüfstand müssen, weil sich die Lage des Unternehmens deutlich verschlechtert hat. Das bedeutet noch nicht unbedingt, dass du diese Aktien verkaufen musst. Es ist aber vielleicht eine Aktie, von der du die Nachrichtenlage nicht aus dem Auge verlieren solltest.

Ich mache das in der Regel vier Mal im Jahr. Also in jedem Quartal checke ich meine Aktien. Immerhin erhalte ich von den meisten US-Unternehmen eine vierteljährige Dividende.

Wie du siehst, ist die Zeit, die man investieren, muss um ein Dividendendepot zu unterhalten, durchaus überschaubar. Es ist also keineswegs notwendig, jeden Monat zehn Berichte über jede deiner Aktien zu lesen. Wenn es dir Spaß macht oder wenn du als Privatier oder Rentner eine schöne Beschäftigung suchst, ist dagegen natürlich nichts einzuwenden.

Notwendig ist es keineswegs. Es gibt bei mir sogar Zeiten, in denen ich wochenlang mein Depot nicht anschaue, es sei denn, um vielleicht irgendwo zuzukaufen. Ich überlasse es der Macht des Zinseszinses, seine Arbeit zu tun, und das geschieht am besten, wenn ich mein Depot in Ruhe lasse.

Genieße es einfach, dass du Monat für Monat dafür bezahlt wirst, dass du Aktien hast. Und zwar von Quartal zu Quartal mehr.

Natürlich kannst du das Wachstum deiner Dividendenzahlungen auf Monatsbasis checken. Manche Dividendenanleger führen Excel-Tabellen, in denen sie ihre monatlichen Dividenden festhalten. Auf diese Art kannst du natürlich besser zusehen, wie dein Vermögen wächst. Für manche ist ein solches „Tracking" durchaus motivierend, noch mehr zu sparen, damit die Dividenden noch schneller zu sprudeln beginnen.

Aber ich betone, notwendig ist dies keineswegs, und auch Anleger, die nur einmal im Jahr die Zeit haben, ihre Aktien zu checken, können damit sehr erfolgreich sein.

13. Was tun wenn die Börse abstürzt?

Wenn du mit Anlegern sprichst, geht es fast immer um den Kurs der Aktien. Die meisten Anleger sind daran interessiert, möglichst tief zu kaufen, um die Aktie dann so teuer wie möglich wieder zu verkaufen. Anders gesagt: gute Aktien sind in ihren Augen Aktien, die steigen. Schlechte Aktien sind Aktien, die fallen, nachdem sie gekauft haben. Der Kurs der Aktie ist dasjenige, worum sich die meisten Anleger kümmern. Müssen sie auch, denn vom Kurs hängt es ab, ob sie an der Börse erfolgreich sind oder nicht.

Aber nach meiner Definition sind Anleger, die sich ausschließlich auf die Aktienkurse konzentrieren, keine Investoren. In meinen Augen sind sie Spekulanten oder Trader. Daran ist nichts verkehrt. Wenn du traden willst, setzt du eben darauf, dass der Kurs steigen wird (oder fallen wird, wenn du Leerverkäufe tätigst). Es gibt unzählige Strategien, die genau dafür designt wurden, dies erfolgreich zu tun.

Ein echter Investor dagegen ist *an dem Unternehmen*, deren Aktien er hält, interessiert. Da er Aktien besitzt, ist er gleichsam Mit-Eigentümer des Unternehmens geworden. Und Einkommensinvestoren wollen in der

Regel sehr lange Eigentümer sein und bleiben. Sie wollen es, weil sie an das Unternehmen glauben und überzeugt sind, dass das Unternehmen auch in der Zukunft erfolgreich wirtschaften wird. Sie werden sich vor allem mit den Betriebsergebnissen beschäftigen. Und sie sind natürlich daran interessiert, ob das Unternehmen weiterhin eine gute Dividende (sprich eine jährlich steigende Dividende) ausschüttet.

Dieser Typ Investor begreift die Börse eher wie eine Art *Auktion*, bei der die Preise natürlich schwanken. Mal sind die Aktien günstig zu haben, mal muss man mehr zahlen. Da er Inhaber und Mit-Eigentümer des Unternehmens ist, hat er gar nicht die Absicht, seine Anteile zu verkaufen, egal wie hoch oder wie tief der Kurs seiner Anteile aktuell ist.

Und wenn der Kurs der Aktie, in der er eine Position hält, in der „Auktion" auf einmal mit einem Abschlag von 30 % oder mehr gehandelt wird, ist dieser Investor eher geneigt zuzukaufen. Jetzt sind sie günstig, sagt er sich. Heißt: mit meiner Investitionssumme kann ich jetzt mehr Anteile kaufen, als wenn sie teurer wären. Und wenn er mehr Aktien kaufen kann, erhöht sich die Dividendenzahlung, die er alle vier Monate von diesem Unternehmen erhält.

Mit anderen Worten: Einkommensinvestoren lieben es geradezu, wenn die Aktien „billig" werden. Es gibt also überhaupt keinen Grund, einen Börsencrash zu fürchten. Im Gegenteil. Diese Zeiten sind geradezu perfekte Gelegenheiten, um auf Shoppingtour zu gehen.

Die Spekulanten und Trader in Aktien fürchten natürlich den Crash wie der Teufel das Weihwasser, denn sie leben ja von den Kurssteigerungen ihrer Aktien. Fallen sie, verlieren sie Geld.

Für den Einkommensinvestor fallen die Kurse der Aktien auch. Aber er gerät nicht in Panik, weil er sie lange (am liebsten für immer) halten möchte. Er weiß, dass sich die Kurse von guten Unternehmen irgendwann wieder erholen werden. Die Erfahrung hat gezeigt (und Studien haben es belegt), dass sich Dividendenaktien nach einem Crash besser und auch schneller erholen als die anderen Aktien. Deswegen fürchten Einkommensinvestoren den Crash nicht.

Wer für sich einen regelmäßigen Sparplan aufgestellt hat und also monatlich Aktien kauft, wird mal teuer kaufen, mal billig. Niemand weiß, wo das Tief oder das Hoch der Kurse sein wird. Also weshalb sollte man sich darum kümmern? Überlasse das den Tradern und Spekulanten.

TEIL 4: ALTERNATIVEN ZU AKTIEN

Es gibt durchaus Alternativen zur Anlage in den üblichen Industrie-Unternehmen. Ich führe hier drei der interessantesten Möglichkeiten für Einkommensinvestoren auf. Alle drei haben unterschiedliche Risikomodelle. Bevor du in eine von ihnen investierst, empfehle ich, dass du dich etwas umfassender mit dem Sektor befasst. Im Addendum erwähne ich einige Links, die zu weiteren Informationen führen.

1. Was sind Real Estate Investment Trusts (REITs)?

REITs sind Unternehmen, die Immobilien verwalten, die sie meist auch besitzen. Da sie zugleich an der Börse notiert sind, können Anleger Aktien dieser REITs erwerben. In dem Sinne bist du als Anleger in Immobilien investiert, ohne selber welche besitzen zu müssen. Das Geschäftsmodell ist denkbar einfach. Der REIT vermietet Flächen oder sammelt die Mieten für die Immobilien. Anschließend werden die Erträge als Dividenden an die Aktionäre ausgeschüttet. Als Anleger hast du den Ertrag ohne die Arbeit.

In der Regel bieten REITs attraktive Dividenden, deren Prozentsätze nur schwer zu erreichen wären, wenn du selber die Immobilien verwalten würdest.

Die meisten REITs haben sich auf einen bestimmten Sektor des Immobilienmarktes spezialisiert, aber es gibt auch REITs, die breitgestreute Portfolien mit Immobilien in den unterschiedlichsten Sektoren führen.

Man unterscheidet in *Equity REITs*, die in Malls, Wohngebäuden und Geschäftsgebäuden investieren, die sie weiter vermieten, und in *Mortgage REITs*. Diese Unternehmen haben selber kein Immobilieneigentum. Sie geben Darlehen an Eigentümer von Immobilien und können auch existierende Darlehen kaufen. Diese Unternehmen verdienen Geld mit den Zinsen aus Hypothekendarlehen, die sie an Wohn- und Gewerbeimmobilien verleihen. Die Hypotheken, die sie ausgeben oder die sie kaufen, zahlen ihnen einen höheren Zinssatz als den kurzfristigen Zinssatz, den sie selber zahlen, um ihre Geschäfte zu finanzieren. Dadurch können sie ihre Gewinnmargen steigern und höhere Dividenden zahlen.

Es gibt REITs in folgende Sektoren:

- Hotels
- Wohnungskomplexe
- Bürogebäude
- Einzelhandelszentren/Malls
- Datenzentren
- Infrastruktur (Glasfaserkabeln, Energieleitungen)
- Waldflächen
- Lagerhäuser

Natürlich gibt es für REITS bestimmte Auflagen. Sie müssen mindestens 75 % ihres Gesamtvermögens in Immobilien, Bargeld oder amerikanische Anleihen investieren. Außerdem sollte 75 % des Bruttoeinkommens eines REIT aus Immobilienmieten, Hypothekenzinsen zur Finanzierung der Immobilie oder aus Immobilienverkäufen erwirtschaftet werden.

Interessant für den Einkommensinvestor: Der REIT muss mindestens 90 % seines steuerpflichtigen Einkommens in Form von Dividenden an die Aktionäre ausschütten. REITs sind daher aktionärsfreundliche Unternehmen mit attraktiven Dividenden. REITs können somit ein interessanter Beitrag zu deinem Vermögensaufbau sein.

Was ist der Unterschied zwischen einem REIT und einem geschlossenen oder offenen Immobilienfonds?

Wenn du deine Anteile bei diesen Fonds verkaufen willst, muss das Management diese aus dem Fondsvermögen ausbezahlen. Das ist meist kein Problem, wenn du der Einzige bist, der verkaufen will und wenn die Größe deiner Anteile bescheiden ist. Wollen aber viele Anleger (wie während der Finanzkrise 2008) verkaufen, kann der Fonds schnell in Liquiditätsprobleme geraten und muss anfangen, wertvolle Immobilien zu verkaufen, was wiederum zusätzlichen Druck auf den Markt ausübt. Genau dies haben wir während der Finanzkrise erlebt.

Besitzt du REITs, kannst du sie mit wenigen Mausklicks an der Börse verkaufen. Dann hat ein anderer Anleger deine Anteile. Du musst dir natürlich darüber im Klaren sein, dass REITs nicht risikolos sind. Während der Corona-Krise verlor zum Beispiel die Aktie von **EPR Properties** 80 % seines Kurswertes. EPR ist ein Unternehmen, das in Vergnügungsparks,

Theater und Skigebiete investiert. Nachdem diese während der Corona-Krise alle geschlossen wurden, verkauften Anleger auf breiter Linie ihre Aktien. Man konnte sie allerdings dann sehr günstig erwerben.

2. Was sind Business Development Companies (BDCs)?

Eine weitere Gruppe alternativer Anlagen sind die BDCs (Business Development Companies). Diese Unternehmen investieren in Start-ups, kleinere oder mittelkleine Unternehmen. Sie können dies mit Eigenkapital tun, so dass die BDC Miteigentümerin wird, oder sie verleihen Kredite an die Unternehmen, die sich nicht so einfach über Anleihen oder Bankkredite finanzieren können.

Damit erfüllen sie eine doppelte Funktion. Sie helfen kleinen Unternehmen in der Anfangsphase ihrer Entwicklung zu wachsen. Und wenn Unternehmen in Schwierigkeiten geraten, helfen sie ihnen wieder, sich eine solide finanzielle Basis zu verschaffen.

Da BDCs börsennotiert sind, kann jeder Anleger Aktien von ihnen erwerben. Dadurch bekommst du als Anleger die Chance, dich am Markt der privaten Unternehmenskredite und Venture Capitals zu beteiligen, was normalerweise als Kleinanleger sehr schwierig ist.

Damit sie nicht der Einkommensteuer unterliegen, entscheiden sich die meisten BDCs für die Form einer

Regulierten Investment Company (RIC). Das ist vor allem für den Einkommensinvestor wichtig, denn die Folge dieser Entscheidung ist, dass BDCs mindestens 90 % ihres Taxable Income (ihres steuerpflichtigen Einkommens) an ihre Anteilseigner ausschütten müssen. Die Folge daraus sind in der Regel hohe Dividendenrenditen. Es ist nicht ungewöhnlich, dass BDCs über 10 % Dividendenrenditen erwirtschaften.

Aber wie immer an der Börse bringt eine hohe Rendite auch ein erhöhtes Risiko mit sich, das man auf keinen Fall verschweigen sollte. Genauso wie manche REITs setzen BDCs oft eine Hebelwirkung in ihrem Geschäftsmodell ein. Sie leihen selber Geld, um es weiter an die Unternehmen zu verleihen, in die sie investieren. Man sollte bedenken, dass viele Start-ups oder kleinere Unternehmen auch schneller in finanzielle Schwierigkeiten geraten können als etablierte Unternehmen. Auch hier solltest du als Investor ein wachsames Auge auf die Zinspolitik der amerikanischen Notenbank FED haben. Erhöht diese die Zinsen, kann das Geschäftsmodell der BDCs schnell ins Wanken kommen.

3. Was sind Dividenden ETFs?

Die meisten Anleger, die mit dem Begriff ETF (Exchange Traded Funds oder börsengehandelte Fonds) etwas anfangen können, bringen damit Indizes wie den DAX oder Eurostoxx50 in Verbindung. Es gibt aber auch ETFs, die einen Korb mit Dividendenaktien enthalten. Sobald die Unternehmen ihre Dividenden an die Fonds ausschütten, gibt es zwei Möglichkeiten. Entweder kann das Management des ETF die Dividende an die Aktionäre in Form einer Barzahlung ausschütten oder es kann sie in die Aktien, die der Fonds hält, reinvestieren.

Im Grunde ist eine Dividende ETF die einfachste Art, in Dividendenaktien zu investieren. Sie ist hiermit den Anlegern empfohlen, die weder die Zeit noch die Möglichkeit haben, sich mit den Aktien der einzelnen Unternehmen zu beschäftigen.

Da ein ETF in der Regel breit differenziert, also in viele unterschiedliche Dividendenaktien investiert, bietet er auch einen gewissen Schutz in dem Fall, wenn eine der Aktien die Dividende kürzt oder gar aussetzt. Dividende ETFs sind somit auch eine ausgezeichnete Möglichkeit für Anfänger, die noch nicht über das erforderliche Startkapital verfügen, um ihre Anlagen selber breit zu streuen.

Natürlich bekommt der Anleger diesen „Service" nicht zum Nulltarif. Es ist von daher wichtig, sich die Gebührenstruktur des Fonds anzuschauen. Sie sollte in meinen Augen nicht über 0,5 % jährlich liegen, denn sonst schlägt sie sich zu negativ auf deine Rendite nieder.

Fällt die jährliche Rendite des Fonds hoch aus (über 3,5 %), dann würde ich mir das Portfolio etwas genauer anschauen. Die Frage, die du dir stellen solltest, wäre, ob das Management nicht hier und da in etwas zu risikovolle Anlagen investiert.

TEIL 5: WIEVIEL MUSST DU SPAREN, UM DEIN FINANZIELLES ZIEL ZU ERREICHEN?

Um diese Frage beantworten zu können, muss man zunächst ein Ziel formulieren. Bekanntlich haben die wenigsten Menschen ein finanzielles Ziel im Leben. Warum ist das so? Warum ist es so schwierig, sich so etwas auszumalen wie: In zehn Jahren möchte ich monatlich 1.000 Euro passives Einkommen mit meinen Dividenden erzielen?

Eigentlich ist es gar nicht schwer. Aber viele scheuen sich, wenn es um die Finanzen geht, ein konkretes Ziel für sich zu formulieren.

Um das zu illustrieren, möchte ich anhand einiger Fallbeispiele zeigen, wie das realisiert werden kann. Jeder von uns befindet sich in einer anderen Situation. Wir sind unterschiedlich alt, haben verschiedene Berufe mit unterschiedlichen Einkommen und jeder von uns hat ein anderes Ausgabeverhalten. Außerdem hat jeder eine andere Vorstellung, welche finanziellen Mittel er oder sie beim Erreichen des „Rentenalters" benötigen wird. Deshalb kann es keine allgemeine

Formel geben. Besser wir schauen uns einige konkrete Beispiele an. Du kannst dich dann an jenem Beispiel orientieren, das dir am ehesten entspricht.

Vorab müssen wir festlegen, welche Zahlen wir benutzen wollen, um unsere Ziele zu berechnen. Es soll jedem Leser klar sein, dass ich mit diesen Überlegungen zwar versuche, möglichst realistische Szenarien zu schildern. Dennoch weiß jeder, dass die Realität meist anders aussieht. Die drei hier vorgestellten Modellrechnungen sind daher als Simulationen zu verstehen, die besser oder auch schlechter ausfallen können.

Ich gehe für die *Ansparphase* von folgenden Bedingungen aus:

- Der Anleger hat kein Startkapital. Er startet gleichsam von Null.

- Es ereignen sich während der Ansparphase keine „Glücksfälle" wie Erbschaften, unverhoffte Geschäftschancen usw.

- Seit seiner Einführung im Jahr 1926 betrug die durchschnittliche jährliche Gesamtrendite des **S&P 500** Index einschließlich Dividenden 9,8 %. Wir wissen zwar, dass wir eine jährliche Gesamtrendite von 13,5 % erzielen würden, wenn wir in die 100 renditestärksten Aktien des **S&P 500** investieren würden, trotzdem wählen wir die 9,8 % als realistisches Ziel.

Sobald der Anleger in die *Entnahmephase* kommt, müssen wir umdenken. Von nun an kommt von außen kein frisches Geld mehr ins Depot. Das Wachstum muss also zu 100 % durch Kursgewinne und Dividendenzahlungen erzielt werden.

Die klassische Entnahmeregel von 4 % jährlich, die auf Studien des Finanzberaters William Bengen basiert, besagt, dass ein Rentner mindestens noch 33 Jahre weiterleben kann, bis sein Kapital aufgezehrt ist. Verfügt er über 100.000 Euro, kann er jährlich 4.000 Euro entnehmen. Braucht er 40.000 Euro im Jahr, wird er ein Aktienportfolio von 1.000.000 Euro haben müssen. In diesen Berechnungen wurden die schwersten Marktrückgänge der 1930er Jahre und er 1970er Jahre miteinkalkuliert.

Das Problem mit diesem Modell ist natürlich die Tatsache, dass der Rentner sein Kapital nach und nach aufzehrt. Nach gut 30 Jahren ist fast nichts mehr vorhanden.

Investiert der Anleger dagegen in Dividendenaktien, so verfügt er über ein stetiges Einkommen. Statt das Kapital aufzuzehren, nutzt er den Dividendenstrom, um seine Lebenskosten zu finanzieren. Auf dieser Weise bleibt das Kapital erhalten und kann sogar weiter wachsen.

Auf Grund der deutlich höheren jährlichen Rendite von 13,5 % bei Dividendenaktien kam William Bengen zu dem Schluss, dass Anleger locker eine jährliche Entnahme von 5 % wählen könnten, ohne dass das Kapital weniger wird.

Auf Grund dieser Zahlen wollen wir nun anhand von drei Fällen untersuchen, wie viel jemand sparen muss, um sein finanzielles Ziel zu erreichen.

Beispiel 1: Anita, Krankenschwester, 52 Jahre

Anita ist Krankenschwester und gerade zweiundfünfzig geworden. Ihr Bruttogehalt liegt bei 3.200 Euro. Sie weiß, dass sie bis 67 arbeiten muss, um keine Abschläge bei der Rente hinnehmen zu müssen. Das sind also nochmal 15 Arbeitsjahre. Die Rentenversicherung berechnet ihre Rente im Jahr 2035 mit 1.451 Euro. Zwar wird ihr Häuschen bis dann abbezahlt sein, aber Anita begreift, dass sie mit 1.451 Euro keine allzu großen Sprünge wird machen können. Sie hätte gerne 500 Euro im Monat mehr, wenn sie in Rente geht. Zweitausend Euro sollten es schon sein, findet sie, damit sie nicht aufs Reisen verzichten muss. Anita beschließt ab jetzt, einen Dividendensparplan aufzustellen, damit sie ihr Ziel, „in 15 Jahren 500 Euro mehr" erreichen kann.

Wie hoch sollte Anitas Sparrate sein, wenn sie ihr Ziel „500 Euro im Monat mehr" erreichen will? Wohlgemerkt, sie möchte ab 2035 diese extra Summe *monatlich* erhalten, ohne das vorhandene Kapital verzehren zu müssen. Folgende Bedingungen müssen also erfüllt sein:

- Anita muss einen Kapitalstock ersparen, der monatlich 500 Euro abwirft, also jährlich 6.000 Euro.

- Ihr Kapitalstock soll konstant bleiben und sie soll in der Lage sein, ihre 6.000 Euro jährlich um 2 % zu erhöhen, damit sie ihre Kaufkraft erhalten kann.

Anita hat sich ein wenig mit der Thematik Dividenden und Dividendenwachstum beschäftigt. Sie begreift, dass Ihre Ansparzeit von 15 Jahren nicht lang genug ist, um wirklich vom Zinseszins-Effekt profitieren zu können, die das Dividendenwachstum mit sich mitbringen würde. Sie entschließt sich, eher Aktien zu kaufen, die eine überdurchschnittliche Dividendenrendite von mindestens 4 % erwirtschaften. Sie entscheidet sich für den amerikanischen Markt, da sie glaubt, dass sie dort ihre Ziele am ehesten erreichen wird.

Ihr Aktiendepot soll also jährlich mindestens um 9,8 % wachsen. Sie begreift, dass es bis 2035 manche Jahre geben wird, in denen die Börse steigt und andere Jahre, in denen sie verlieren wird. Anita hat aber das Prinzip des Einkommensinvestierens begriffen und wird ab jetzt jeden Monat in Dividendenaktien investieren, egal wie gut oder schlecht die Performance der Gesamtbörse ausfällt. Wir setzen voraus, dass Anita nicht besser, aber auch nicht schlechter als der Gesamtmarkt abschneiden wird. Deswegen berechnen wir Anitas Sparrate auf Basis dieser 9,8 % jährlichen Wertentwicklung ihres Depots. Wie hoch muss Anitas Sparrate sein, damit sie ihr Ziel „500 Euro mehr im Jahr 2035" erreichen kann?

Anita lässt ihre Zahlen durch einen Sparplanrechner und anschließend durch einen Rentenrechner laufen. Sie stellt fest, dass sie ihr Ziel erreichen wird, wenn sie ab heute monatlich 340 Euro investiert. Wir gehen die Berechnung kurz durch.

Anitas Ansparphase dauert 15 Jahre. Nach dieser Zeit wird sie insgesamt 61.200 Euro auf ihr Brokerkonto eingezahlt haben. Nach 15 Jahren ist ihr Depot dank der jährlichen Rendite von 9,8 % bis auf 134.367 Euro angewachsen. Das ist die Summe, die ihr 2035 zur Verfügung steht. Von dem Moment an beginnt die Entnahmephase. Von ihrem Brokerkonto überweist sie jährlich 6.000 Euro auf ihr Girokonto. Das ist die Summe, die sie braucht, um ihre Reisen zu finanzieren.

Ihre Dividendenaktien erwirtschaften auch nach der Entnahme von 6.000 Euro weiterhin eine jährliche Rendite von 5 %. Nach einem Jahr stellt Anita fest, dass Ihr Kapital trotz der Entnahme von 6.000 Euro nicht weniger geworden ist. Es ist sogar ein wenig gewachsen. Der Zähler steht nun auf 134.923 Euro. Nach fünf Jahren sind es sogar 137.438 Euro.

Anita begreift, dass sie jährlich 2 % mehr entnehmen kann, damit die Kaufkraft ihrer 500 Euro auch erhalten bleibt. Sie entschließt sich im nächsten Jahr, 2 % mehr auszuzahlen oder insgesamt 6.120 Euro. Auch dann wächst ihr Depot von Jahr zu Jahr weiter, zwar etwas langsamer, aber es bleibt wachsend.

Anita hat ihr Ziel erreicht. Sie hat jährlich 6.000 Euro mehr zu Verfügung, mit denen sie zwei bis drei schöne Reisen machen kann, ohne ihr Kapital verzehren zu müssen.

Beispiel 2: Michael, Student, 22 Jahre

Michael studiert Ingenieurswissenschaften und hat noch drei Jahre bis zu seinem Master. Michael hat sich die Rententabellen angeschaut und begreift, dass die Demografie gegen ihn spielt. Er weiß, dass er weniger als 45 Jahre in die Rentenkasse einzahlen wird, wenn er mit 67 in Rente geht, weil er erst mit 25 zu arbeiten anfangen wird. Er entschließt sich, jetzt schon etwas für seine Altersvorsorge zu tun. Mit einem kleinen Nebenjob gelingt es ihm, monatlich 100 Euro auf die Seite zu schaffen, die er diszipliniert auf sein Brokerkonto überweist. Wenn die Demografie *gegen* ihn spielt, so sagt er sich, so spielt die Dauer der Ansparphase von 45 Jahren *für* ihn. Dank seiner Mathematikkenntnisse kann sich Michael problemlos den Zinseszins-Effekt bei einer Ansparphase von 45 Jahren ausrechnen.

Wir gehen der Einfachheit halber davon aus, dass Michael auf ähnliche Art und Weise investiert wie Anita. Auch Michaels Depot wächst jährlich um 9,8 %. Wenn wir nun davon ausgehen, dass Michael in den nächsten 45 Jahren bei seinen 100 Euro monatlich bleibt, so hat er sich nach 45 Jahren 908.734 Euro zusammengespart.

Bei gleichbleibender Depotentwicklung von 9,8 % kann Michael seiner Entnahmephase ruhigen Herzens entgegensehen. Selbst wenn er monatlich 3.000 Euro entnimmt, hat er nach einem Jahr immer noch mehr Geld in seinem Brokerkonto, nämlich 917.196 Euro. Auch Michael könnte jedes Jahr locker 2 % draufschlagen, ohne dass er auch nur eine Aktie in seinem Depot verkaufen müsste.

Würde Michael, sobald er berufstätig wird, statt 100 Euro 500 Euro investieren, könnte er bereits mit 50 Jahren in Rente gehen und 2.000 Euro seinem Brokerkonto monatlich entnehmen, ohne sein Kapital aufzuzehren. Spart er monatlich 1.000 Euro, was ihm als Ingenieur gelingen könnte, kann er bereits mit 44 Jahren mit 2.000 Euro Dividenden monatlich den Beruf an den Nagel hängen.

Beispiel 3: Matthias, Filialleiter bei Aldi, 33 Jahre

Mein drittes Beispiel ist Matthias, verheiratet, zwei Kinder und Filialleiter bei Aldi. Sein Grundgehalt beläuft sich bei der tariflich höchsten Stufe auf monatlich 3.719,00 Euro brutto. Dank Zulagen kommt Matthias auf 4.827,76 Euro brutto im Monat. Trotz dieser guten Situation weiß Matthias, dass seine Rente, die ja erst in 33 Jahren beginnt, nicht üppig sein wird. Nach aktueller Berechnung bekäme er 1.678 Euro.

Matthias gibt sich damit nicht zufrieden. Außerdem will er früher aussteigen. Am liebsten würde er mit 50 in Rente gehen, damit er sich ganz seinem Hobby Tauchen widmen kann, für das er bereits aufwändige Reisen in die Karibik unternommen hat.

Er rechnet sich aus, dass er neben seiner kleinen Rente noch 3.000 Euro monatlich zusätzlich brauchen wird, damit er sein finanzielles Ziel erreichen kann. Auch er kommt nach dem Lesen mehrerer Börsenbücher zu dem Entschluss, dass der sicherste und auch effektivste Weg, schnell Vermögen aufzubauen, über Dividendenaktien geht. Damit er monatlich 3.000 Euro oder jährlich 36.000 Euro seinem Kapital entnehmen kann, braucht er ein Vermögen von 750.000 Euro. Wie viel muss Matthias ab heute monatlich auf die Seite legen, damit er sein Ziel erreichen kann?

Die Antwort lautet: 1.500 Euro. Spart er monatlich 1.500 Euro oder jährlich 18.000 Euro, so wird er in 17 Jahren 306.000 Euro angespart haben. Legen wir auch hier die 9,8 % jährliche Wertentwicklung zugrunde, so würde sein Vermögen bis auf 754.447 Euro anwachsen. Mit dieser Summe kann er in die Entnahmephase gehen und mit 50 seinen Beruf an den Nagel hängen. Matthias weiß, dass er sich und seine Familie 17 Jahre lang einer strengen finanziellen Disziplin unterziehen muss. Er und seine Frau fassen den Entschluss, kein Haus zu bauen und in dem relativ billigen Mietshaus wohnen zu bleiben, in dem sie jetzt wohnen. Alle noch vorhandenen Schulden werden möglichst schnell getilgt, damit die freien Gelder zu Investitionszwecken zur Verfügung stehen. Alle nicht notwendigen Ausgaben werden gekürzt oder radikal gestrichen. Aber nach 17 Jahren kann Matthias tatsächlich aussteigen. Seine staatliche Rente ist zwar bescheiden, aber dank seines Dividendenportfolios hat er monatlich 3.000 Euro mehr zur Verfügung.

Diese drei hypothetischen Beispiele sind natürlich ein wenig künstlich, aber nun auch nicht ganz lebensfern. Selbstverständlich ist es unmöglich, exakte Berechnungen anzustellen, wie viel jeder nun wirklich anlegen muss, um am Ende eine bestimmte Summe X an Vermögen zu besitzen. Auch die 9,8 % jährliche Entwicklung ist eine reine statistische Zahl, die lediglich einen langjährigen Durchschnitt darstellt.

Denkbar ist zum Beispiel, dass einer unserer drei Dividendeninvestoren auf Grund einer schlechten Börsenphase zum Ende seiner Ansparphase einige Jahre mehr brauchen wird als ursprünglich geplant. Denkbar aber ist auch genau das Gegenteil. Es könnte auch schneller gehen. Besonders dann, wenn einer von ihnen in einer „schlechten" Börsenphase, also zu tiefen Kursen, eingekauft hat und die Börsen in den Jahren darauf stark zu steigen beginnen, so wie dies von 2009 bis 2019 der Fall war. Auf dieser Weise können einige Zehntausend investierte Euros schnell zu Hundertausenden werden.

Ein weiterer Aspekt, den ich hier außer Acht gelassen habe, sind natürlich Sonderzahlungen oder auch das Anfangskapital. Denkbar ist natürlich, dass hin und wieder Gelder freikommen, die man zunächst nicht eingeplant hatte. Das könnte zum Beispiel die Ausbezahlung eines Bausparvertrages oder einer Versicherung sein. Oder es kann der Verkauf eines Grundstückes oder einer Wohnung oder schlicht eine Erbschaft sein. Wer sein eigenes Leben betrachtet, wird feststellen, dass es immer wieder solche glücklichen Vorfälle gibt.

Es gibt aber einen todsicheren Faktor, mit dem wir auf
jeden Fall rechnen müssen und der bis jetzt in unserer
Berechnung nicht berücksichtigt wurde: *die Steuer*.
Mit ihr befassen wir uns im letzten Kapitel.

TEIL 6: UND AM ENDE DIE STEUERN…

Wer vorhat, langfristig zu investieren, ist gut beraten, sich mit der steuerlichen Gestaltung seiner Investments zu beschäftigen. Schließlich gehören sie zu den größten Renditekillern überhaupt, vermutlich größer als sämtliche Börsenkorrekturen, die ein Anleger im Laufe seiner Börsenkarriere erleben wird.

Wenn du vorhast, dein Depot vor allem mit US-amerikanischen Aktien zu bestücken, solltest du über die sogenannte *US-Quellensteuer* Bescheid wissen. Das ist eine Steuer auf Einnahmen aus Kapitalvermögen, die am Entstehungsort bzw. an der Quelle abgezogen wird. In den USA beträgt der Steuersatz aktuell 30 %.

Wenn ich diese 30 % Abzug tatsächlich hätte, hätte ich sogar einen Nachteil gegenüber deutschen Aktien, bei denen ich nach derzeitiger Gesetzeslage (März 2020) 25 % Abgeltungssteuer zu zahlen hätte (Plus Soli und Kirchensteuer).

Allerdings existiert zwischen den meisten Ländern ein sogenanntes *Doppelbesteuerungsabkommen*. Dieses ist dazu da, zu verhindern, dass man doppelt besteuert wird. Wenn du also in den USA bereits 30 % Steuern gezahlt hast, musst du in Deutschland nicht nochmals 25 % Steuern zahlen.

In diesem Abkommen wurde vereinbart, dass sich die US-Quellensteuer von 30 % auf 15 % reduziert. Diese ist dann auch noch anrechenbar auf die Abgeltungssteuer, die du in Deutschland zahlen musst.

Damit du in den Genuss eines reduzierten Steuersatzes kommst, musst du bei deinem Broker das W-8BEN Formular ausfüllen (Certificate of Foreign Status of Beneficial Owner for United States Tax Withholding and Reporting). Hat die Depotbank deines Brokers bei den US-Steuerbehörden den Status eines „Qualified Intermediary", wird nur der ermäßigte Satz, also 15 % einbehalten.

Allerdings liegt aktuell ein Gesetzespapier der großen Koalition vor (April 2020), das die Abgeltungssteuer abschaffen will. Ob und wann dies geschehen wird, ist im Augenblick noch nicht vorauszusehen, zumal hier auch mögliche Folgen oder Maßnahmen im Zuge der Coronavirus-Krise noch nicht berücksichtigt sind.

Wie auch immer sich die Bundesregierung entscheiden wird, ab einer bestimmten Größe des Anlagevermögens (sagen wir ab 100.000 Euro) macht es in meinen Augen Sinn, darüber nachzudenken, wie man seine

Investitionen steuerlich optimieren kann. Eines ist sicher: Wenn du vorhast, dein Brokerkonto auf deinen persönlichen Namen zu führen, befindest du dich steuerlich in der ungünstigsten Lage. Ein guter Teil deiner Rendite geht an den Staat.

Besser ist es, deine Anlagen über eine GmbH laufen zu lassen. Auf Aktien im Anlagevermögen einer GmbH zahlst du Steuern in Höhe von 5 % (Körperschafts- und Gewerbesteuer, also effektiv zwischen 0,8 und 1,4 %). Natürlich kostet das Führen einer GmbH etwas Geld. Du musst Buch führen und bilanzieren. Von daher macht ein solches Konstrukt erst ab einer bestimmten Größe Sinn.

Wenn dies manche Leser abschrecken mag, so muss man es so sehen. Wenn es dir Ernst ist mit deiner finanziellen Freiheit, dann solltest du jeden denkbaren (und legalen) Weg untersuchen, der schneller und effektiver zu deinem Ziel führt. Solange du deine Finanzen und deine Altersvorsorge immer noch als Privatperson betreibst, bist du in meinen Augen ein Amateur. Du hast dann den negativen Effekt der Steuern noch nicht begriffen. Wie Robert Kiyosaki mit Recht immer wieder betont: Die Steuergesetze werden nicht für die kleinen Leute und die „Mittelschicht" gemacht (was immer die politischen Parteien auch behaupten mögen). Sie werden für die Unternehmen gemacht. Die Unternehmer und die „Reichen" haben ein Wissen, über das die kleinen Leute und die Mittelschicht nicht verfügen. Sie verstehen die Macht der Rechtsform von Unternehmen und wie man das Geld für sie arbeiten lässt anstatt – wie die Mittelschicht – für Geld zu arbeiten.

ADDENDUM: INTERESSANTE WEBSEITEN FÜR EINKOMMENSINVESTOREN

Dividenden und Börsenwissen allgemein

https://seekingalpha.com/ (English)

https://www.dividend.com/ (English)

https://www.fool.de/

Dividendenkalender und Hauptversammlungstermine

https://hauptversammlungs-termine.de/

Aktien-Screener für amerikanische Aktien

https://finviz.com/screener.ashx

Zinseszinsrechner

https://financer.com/de/finanztipps/finanzrechner/zinseszinsrechner/

https://www.investor.gov/financial-tools-calculators/calculators/compound-interest-calculator (English)

Informationen über Hochdividendenwerte

https://nurbaresistwahres.de/

Dividendenblogger

https://mission-cashflow.de/

https://www.rente-mit-dividende.de/blog/

https://plutusandme.lima-city.de/

https://www.mrfreeat33.com/ (English)

https://www.thedividendguyblog.com/ (English)

https://www.dividend-growth-stocks.com/ (English)

https://www.tawcan.com/ (English)

https://divgro.blogspot.com/ (English)

https://www.dividendgrowthinvestor.com/ (English)

Brokervergleich

https://online-broker-vergleich.focus.de/

https://www.finanzen.net/online-broker-vergleich/

https://www.brokervergleich.com/

GLOSSAR

Aktienportfolio: Gesamtheit aller Aktivgeschäfte eines Anlegers

Aktionärsquote: Anteil von Aktionären an der Gesamtbevölkerung

Ansparphase: Die Zeit, in der ein Sparer monatlich seine Beträge in ein Investmentvehikel einzahlt

Arithmetisches Mittel: Mittelwert, der ermittelt wird, indem man die Summe der betrachteten Zahlen durch ihre Anzahl teilt

BaFin: Bundesanstalt für Finanzdienstleistungsaufsicht

Blue Chip: Umsatzstarke Aktie eines Großunternehmens

Broker: Finanzdienstleister, der für die Durchführung von Wertpapierordern zuständig ist

Brokerkonto: Wertpapierdepot, Ort an dem ein Anleger seine Wertpapiere verwaltet

Brokerlizenz: Handelslizenz, die einen Broker für seine Tätigkeit legitimiert

Business Development Companies (BDCs): Investmentgesellschaft in den USA, die in kleine und mittlere Unternehmen investiert

Cashflow: Betriebswirtschaftliche Kennzahl, bei der Einzahlungen und Auszahlungen innerhalb eines bestimmten Zeitraums einander gegenübergestellt werden

Dividend Date: Tag in den USA, an dem die Dividende tatsächlich ausgeschüttet wird

Dividendenabschlag: Abschlag vom Börsenkurs in Höhe der Bruttodividende

Dividendenaristokraten: Liste von Aktien, die in 25 oder mehr aufeinanderfolgenden Jahren ihre Dividende erhöht haben und auf der Liste des bekannten Index S&P 500 stehen

Dividenden ETFs: ETF, der sich bei der Auswahl von Aktientiteln an der Dividende orientiert, die von den Unternehmen ausgeschüttet und an Aktionäre ausgezahlt wird

Dividendenkönig: Aktie, dessen Dividende in fünfzig oder mehr aufeinanderfolgenden Jahren gestiegen ist

Dividendenrendite: Verhältnis zwischen der Höhe der jährlichen Dividendenausschüttung einer Aktie und ihrem aktuellen Aktienkurs

Dividendenreinvestitionsplan (DRIP) Das DRIP-Programm kauft mit den Dividenden automatisch zusätzliche Aktien dieses Unternehmens

Dividendenwachstum: Regelmäßige Erhöhung der Dividende über eine bestimmte Periode

Dollar Cost Averaging (Deutsch: Durchschnittskosteneffekt): Effekt, der bei der regelmäßigen Anlage gleich bleibender Beträge in Wertpapiere zu unterschiedlichen Kursen entsteht

Doppelbesteuerungsabkommen (DBA) : Abkommen zwischen zwei Staaten zur Vermeidung der Doppelbesteuerung

Einfacher Zins: Zinsrechnung, bei der die Zinsen nicht in der jeweiligen Folgeperiode mitverzinst werden, somit entsteht kein Zinseszinseffekt

Einlagensicherung: Gesetzliche Schutzmaßnahme, bei der in einer Bankenkrise die Gläubiger von Kreditinstituten vor dem Verlust ihrer Bankguthaben bewahrt werden sollen

Einlagenzins: Höhe des Zinses in Prozent gerechnet oder Summe an gutgeschriebenen Zinsen, die ein Institut dem Kunden berechnet

Entnahmephase: Periode, in der ein Guthaben schrittweise an den Anleger ausgezahlt wird

Equity REIT: Investmentgesellschaft, die Immobilien besitzt und betreibt und die Einnahmen aus der Bewirtschaftung ihrer Immobilienbestände erzielt

Exponentielles Wachstum: Wachstumsprozess, bei dem sich die Bestandsgröße in jeweils gleichen Zeitschritten immer um denselben Faktor verändert

EZB: Europäische Zentralbank mit Sitz in Frankfurt am Main

Fractional Shares: Teil einer Aktie, die kleiner ist als eine Einheit

Fundamentalzahlen: Wichtige Kennzahlen eines Unternehmens

Internationale Wertpapierkennnummer ISIN: Zwölfstellige Buchstaben-Zahlen-Kombination, die eine Identifikation für an der Börse gehandelte Wertpapiere darstellt

Kaufkraftverlust: Anhaltende Erhöhung des Preisniveaus von Gütern und Dienstleistungen (Teuerung), gleichbedeutend mit einer Minderung der Kaufkraft des Geldes

Konsumgüter: Güter, die für den privaten Ge- oder Verbrauch hergestellt und gehandelt werden

Kumulierte Dividenden: Summe aller ausgeschütteten Dividenden

Lindy-Effekt: Wahrscheinlichkeit, dass ein Produkt, das bereits hundert Jahre existiert, in den nächsten hundert Jahren immer noch existieren wird

Monatszahler: Unternehmen, die jeden Monat eine Dividende zahlen

Mortgage REIT: Investmentgesellschaft, spezialisiert auf die Finanzierung einkommenswirksamer Immobilien durch den Kauf oder die Vergabe von Hypotheken und hypothekenbesicherten Wertpapieren und die Erzielung von Zinseinnahmen aus diesen Investitionen

Online-Broker: Broker, der Wertpapierleistungen ausschließlich online anbietet

Payout Ratio (Deutsch: Dividendenausschüttungsquote): Verhältnis des Gesamtbetrags der an die Aktionäre ausgezahlten Dividenden zum Nettogewinn des Unternehmens

Quellensteuer: Bezeichnung für eine Steuer, die direkt an der „Quelle" erhoben wird, aus der die Einkünfte fließen

Real Estate Investment Trust (REIT): Unternehmen, das Eigentum an in- und ausländischen Immobilien erwirbt, verwaltet und veräußert

Regulated Investment Company (RIC): Investmentgesellschaft, die keine Steuern auf ihre Erträge zahlt

Rentenniveau: Verhältnis zwischen dem durchschnittlichen Verdienst und der Altersrente

Riester-Rente: Durch staatliche Zulagen privat finanzierte Rente in Deutschland

Segregiertes Konto: Konto, das getrennt vom Vermögen der Kapitalanlagegesellschaft auf den Namen des Anlegers geführt wird

Sparrate: Bezeichnet einen Geldbetrag, den ein Anleger regelmäßig in eine Geldanlage einzahlt

Standardrente: Im Rentenrecht verwendete Rechengröße, die dazu verwendet wird, das Standardrentenniveau zu berechnen

Transaktionskosten: Kosten, die im Zusammenhang mit der Transaktion von Verfügungsrechten (z. B. Kauf, Verkauf, Miete) entstehen

Watchlist: Auflistung von Wertpapieren, über deren Entwicklung sich ein Anleger auf dem Laufenden halten möchte

W-8BEN Formular: Bescheinigung des Status des wirtschaftlich Berechtigten für die US-Quellensteuer

Wertpapierkennnummer (WKN): In Deutschland verwendete sechsstellige Ziffern- und Buchstabenkombination zur Identifizierung von Wertpapieren

Zinseszinseffekt: Zins, der dem Kapital hinzugefügt und künftig zum geltenden Zinssatz zusammen mit dem Kapital verzinst wird

Zyklische Konsumgüter: Unabdingbare Produkte wie Nahrungsmittel, Getränke, Medikamente und Hygieneartikel

WEITERE BÜCHER VON HEIKIN ASHI TRADER

Forex Trading

Die komplette Serie!

Devisenmärkte werden bekanntlich von Nachrichten bestimmt. Da Nachrichten aber eher selten auftreten, bewegen sich die meisten Devisenpaare zu 80 % der Zeit seitwärts. Anders gesagt: es ist sehr schwer, Devisen mit Trend-Strategien profitabel zu traden. Die Reihe „Forex Trading" beschäftigt sich daher mit Strategien, die speziell für Seitwärtsmärkten konzipiert sind.

Außerdem geht Heikin Ashi Trader ein auf die Frage weshalb Trader, die sich auf den Forex-Handel spezialisieren, dazu neigen, nur eine einzelne Strategie zu traden. Sie tun dies, weil sie glauben, dass diese eine Strategie anderen Handelsmethoden überlegen ist. Unglücklicherweise macht sie dieser Ansatz besonders anfällig für die Ups und Downs dieser einen Strategie.

Durch die Verteilung von Gewinn und Verlust auf mehrere Strategien erzeugt der Trader jedoch eine Indifferenz gegenüber den Verlustserien in jeder einzelnen Strategie. Betrachtet er sie mehr wie ein Investment in seinem Portfolio, genauso wie eine Aktie oder ein Fonds, erhält er eine objektivere Sicht auf das Geschehen an den Märkten.

Teil 1: Zwei Strategien der runden Zahl

Einführung

Strategie 1: Die Strategie der runden Zahl

Strategie 2: Die Stop-Hunting Strategie

Betrachten Sie Forex-Trading wie ein Wahrscheinlich-keitsspiel

Teil 2: Traden mit weekly Pivots

Strategie 1: Trade the Pivot

Strategie 2: The last 20 Pips-Strategie

Sollte man die Parameter ändern wenn es nicht so gut läuft?

Teil 3: Einführung in das Traden mit dem weekly High und Low

Strategie 1: Chase the Weekly High and Low

Strategie 2: Weekly High and Low Stretch

Praktische Fragen

Teil 4: trade mehere Strategien gleichzeitig!

1. Warum Sie mehrere Strategien gleichzeitig traden sollten!

2. Weniger Volatilität in der Kapitalkurve

3. Wie viele Strategien sollte ich gleichzeitig traden?

4. Kann man auch mit kleinen Konten diversifizieren?

5. Wann sollte ich anfangen, einen Hebel zu benutzen?

6. Forex-Trading ist ein Business

Trade Gegen Den Trend!

Anfängern wird meist das Traden mit dem Trend empfohlen. Aber ist es auch profitabel? Wenn Sie mit dem Trend gehen ist die Wahrscheinlichkeit, dass Sie richtig positioniert sind höher, so heißt es. Die Erfahrung zeigt aber, dass die meisten Trader daraus kein profitables Trading-Business aufbauen können.

Der alte Börsenfuchs Andre Kostolany hat es mal treffend zusammengefasst: Man muss kaufen, wenn in den Straßen Blut fließt. Das heißt doch wohl, dass man gegen den Trend handeln sollte. Eigentlich ist dieser Spruch der Ausdruck des gesunden Menschenverstandes selbst. Die Frage ist nur: warum tun wir uns als Trader so schwer, diese Börsenweisheit in die Praxis umzusetzen?

Das neue Buch des Heikin Ashi Trader gibt Anregungen und Ideen wie man solche Gelegenheiten an der Börse erkennen kann, denn meistens liegen hier die besten Trading-Chancen.

Inhaltsverzeichnis

Teil 1: Die Snap-Back-Trading-Strategie

Kapitel 1: Trade wenn die Masse Angst hat

Kapitel 2: Warum ich nicht dem Trend folge

Kapitel 3: Mean Reversion

Kapitel 4: Risikomanagement

Kapitel 5: Wie erkenne ich extreme Bewegungen?

Kapitel 6: Geduld beim Entry

Kapitel 7: Schützt mich der Stop wirklich vor hohen Verlusten?

Kapitel 8: Trade-Management

Kapitel 9: Exit

Kapitel 10: Wann treten die besten Trading-Gelegenheiten auf?

Kapitel 11: Warum Sie den Wirtschaftskalender studieren sollten

Kapitel 12: Welche Märkte eignen sich für die Snap-Back-Strategie?

Teil 2: Trading-Beispiele

Kapitel 1: Beispiele in den Aktien-Indizes

Kapitel 2: Beispiele in den Währungsmärkten (Forex)

Kapitel 3: Beispiele in den Aktienmärkten

Kapitel 4: Beispiele in den Rohstoffen

Glossar

Wie finde ich außergewöhnliche Chancen?

Heilige Kühe 2

Tradern wird oft empfohlen mit einem Chance Risiko-Verhältnis von 1:2 zu arbeiten. Auf dieser Weise bräuchten sie „lediglich" eine Trefferquote von etwas über 33,33 % um profitabel traden zu können. Mathematisch mag das stimmen und plausibel klingt es auch noch. Die Frage ist, ob es auch so funktioniert.

In diesem kurzen Ebook der Reihe „Heilige Kühe" geht Heikin Ashi Trader der Frage nach, wie man stattdessen Trades finden kann mit einem Chance Risiko-Verhältnis von mindestens 1:10 oder höher.

Er geht von der Beobachtung aus, dass es viel effektiver

ist, mit einigen wenigen „asymmetrischen Trades“ das Konto voranzubringen als mit dem 1:2-Modell. Trader sollten gleichsam versuchen, Spezialisten für außergewöhnliche Chancen zu werden.

ÜBER DEN AUTOR

Heikin Ashi Trader wird weltweit als der Spezialist für Scalping mit dem Heikin Ashi Chart betrachtet. Er tradet auf dieser Weise seit 19 Jahren. Er hat für einen Hedgefonds gehandelt und machte sich dann als Trader selbständig. Sein Scalping-Buch "Scalpen macht Spaß!" ist ein internationaler Bestseller und wurde mehr als 30.000 Mal verkauft. Auf seiner Website www.heikinashitrader.net finden Sie weitere Informationen über seine Scalping-Methode.